| 강의교재 |

형법총론

The Criminal Law I

이 동 기

저자 이동기

第36회 사법시험
사법연수원 26기
검사
변호사
현 국민대학교 법과대학 교수

목 차

제1편 총 설

제1장 형법의 기본 개념

Ⅰ. 형법의 의의

1. 형식적 의미의 형법 속에는 실질적 의미의 형법에 속하지 않는 사항도 있다.
2. 형사소송법도 실질적 의미의 형법에 속한다.
   형사소송법에도 범죄와 형벌이 있다. (제279조의 7 - 비밀누설죄)
3. '법률 없으면 범죄도 없다'에서의 법률은 실질적 의미의 형법을 의미한다.

형사소송법
제279조의7(비밀누설죄)
전문심리위원 또는 전문심리위원이었던 자가 그 직무수행 중에 알게 된 다른 사람의 비밀을 누설한 때에는 2년 이하의 징역이나 금고 또는 1천만원 이하의 벌금에 처한다.

Ⅱ. 형법의 지위와 성격

1. 행위규범인 동시에 의사결정규범
2. 재판규범인 동시에 평가규범이다.

Ⅲ. 형법의 기능

1. 사회윤리적 행위가치 보호 강조
2. 법익보호적 기능 강조

법익(法益): 법이 보호하려는 이익. 타인의 재산, 생명 및 신체 등.
형법은 국가, 사회, 개인의 법익이 침해되는 유형에 따라 각칙에서 범죄를 규정한다.

형법은 그 강제력이 강력하므로, 신중히 설정되어야 하며, 사회의 다른 규범에 의해서 법익을 보호할 수 없는 상황에서 개입하는 것으로 하고, 이를 형법의 보충성이라고 한다.

제2장 죄형법정주의

Ⅰ. 죄형법정주의의 의의 및 법적 근거

1. 의의

법률이 없으면 범죄도 없고, 형벌도 없다.

2. 법적근거

(1) 헌법상 규정

1) **헌법 제12조 제1항**
누구든지 법률과 적법한 절차에 의하지 아니하고는 처벌, 보안처분 또는 강제노역을 받지 아니한다.

2) **헌법 제13조 제1항**
모든 국민은 행위 시의 법률에 의하여 범죄를 구성하지 아니하는 행위로 소추되지 아니한다.

(2) 형법 규정

1) **형법 제1조 제1항**
범죄의 성립과 처벌은 행위 시의 법률에 의한다.

보안처분
보안처분은 사회방위를 위한, 형벌 이외의 수단이다. 종래 보안처분을 규정하였던 사회보호법은 보호감호처분의 남용으로 위헌의 여지가 있어, 2005년 폐지되었으나, '치료감호 등에 관한 법률', '보호관찰 등에 관한 법률', '특정범죄자에 대한 보호관찰 및 전자장치 부착 등에 관한 법률', '성폭력범죄의 처벌 등에 관한 특례법', 아동·청소년의 성보호에 관한 법률', '성폭력범죄자의 성충동 약물치료에 관한 법률' 등을 통해 보안처분이 규정되고 있다.

Ⅱ. 죄형법정주의의 연혁과 사상적 배경

1. 죄형법정주의의 사상적 기초를 제공

(1) 계몽주의, 합리주의, 민주주의, 법치주의와 자연법 사상
(2) 몽테스키외의 권력분립주의 (법의 정신)
(3) 포이에르바흐의 심리강제설 (일반예방사상)

심리강제설
형벌 법규 설정으로 인해, 사람들이 범죄로 나아가지 않도록 하는 심리작용을 한다는 이론

Ⅲ. 죄형법정주의의 내용

1. 관습형법의 금지 (법률주의)

(1) 의미

1) 형법에서는 관습법에 의한 새로운 구성요건의 창설이나 형의 가중이 금지되며, 이는 오직 국회에 의하여 제정된 법률에 의하여만 가능하다. (법률주의)

【판례】(헌재 1998.3.26. 96헌가20)
이 사건 법률조항은 **단체협약에……위반한 자**라는 구성요건과 형벌을 규정하고 있으나, **구성요건의 실질적 내용을** 법률에서 직접 규정하지 아니하고 **모두 단체협약에 위임하고 있어** 죄형법정주의의 기본적 요청으로서 범죄와 형벌에 관하여는 입법부가 제정한 형식적 의미의 **"법률"**로써 정하여야 한다는 **법률주의에 위배**된다.

2) 법률 이외의 명령에 의해서는
① 특히 긴급한 필요가 있거나
② 미리 법률로써 자세히 정할 수 없는 부득이한 사정이 있는 경우에 한하여 법률의 구체적 위임이 있는 경우에만 가능하다. (포괄적 위임입법의 금지)

ⅰ) 위임입법의 한계를 벗어나지 않은 경우

【판례】(헌재 2000.6.29. 99헌가16)
청소년에게 유해한 매체물을 적시하여 청소년에 대한 판매·대여 등을 제한하고자 하는 경우에는 각 매체물의 내용을 실제로 확인하여 유해성 여부를 판단할 수밖에 없는데, 그때마다 법 또는 하위법령을 개정하여 직접 개별 매체물을 규정하는 것은 현실적으로 거의 불가능하고 법령의 개정에 소요되는 시일로 인하여 규제의 실효성도 기할 수 없게 될 것이므로 청소년유해매체물이 결과적으로 범죄의 구성요건의 일부를 이루게 되더라도 **이 사건 법률조항에서 직접 청소년유해매체물의 범위를 확정하지 아니하고 행정기관(청소년보호위원회 등)에 위임하여 그 행정기관으로 하여금 청소년유해매체물을 확정하도록 하는 것**은 부득이하다고 할 것이므로, 이 사건 법률조항이 형벌법규의 위임의 한계를 벗어나거나 불명확하여 죄형법정주의에 위반된다고 할 수 없다.

ⅱ) 위임입법의 한계를 벗어난 경우

【판례】 (대법원 1999.2.11. 선고 98도2816 전원합의체 판결)
총포·도검·화약류등단속**법** 제2조 제1항에서 말하는 총은 비록 모든 부품을 다 갖추지는 않았더라도 적어도 금속성 탄알 등을 발사하는 성능을 가지고 있는 것을 가리키는 것이고, 단순히 총의 부품에 불과하여 금속성 탄알 등을 발사할 성능을 가지지 못한 것까지 총포로 규정하고 있는 것은 아니라고 할 것임에도 불구하고 같은법**시행령 제3조 제1항은 같은 법 제2조 제1항의 위임에 따라 총포의 범위를 구체적으로 정하면서도 제3호에서 모법의 위임 범위를 벗어나 총의 부품까지 총포에 속하는 것으로 규정**함으로써, 같은 법 제12조 제1항 및 제70조 제1항과 결합하여 모법보다 형사처벌의 대상을 확장하고 있으므로, 이는 결국 위임입법의 한계를 벗어나고 죄형법정주의 원칙에 위배된 것으로 무효라고 하지 않을 수 없다.

2. 명확성의 원칙

(1) 구체적 내용

1) 구성요건의 명확
(반사회적인 행위를 한 자는 5년 이하의 징역에 처한다(X))

① 명확성의 원칙에 반하지 않는 경우

【판례】 (대법원 2003.12.26. 선고 2003도5980 판결)
청소년보호법 제26조의2 제8호 소정의 **"풍기를 문란하게 하는 영업행위를 하거나 그를 목적으로 장소를 제공하는 행위"**의 의미는... 건전한 상식과 통상적인 법감정을 통하여 판단할 수 있고, 구체적인 사건에서는 법관의 보충적인 해석을 통하여 그 규범내용이 확정될 수 있는 개념이라 할 것이어서 위 법률조항은 명확성의 원칙에 반하지 아니하여 실질적 죄형법정주의에도 반하지 아니한다.

【판례】 (대법원 2012.10.11. 선고 2012도7455 판결)
피의자 또는 변호인은 압수·수색영장의 집행에 참여할 수 있고(형사소송법 제219조, 제121조), 압수·수색영장을 집행함에는 원칙적으로 미리 집행의 일시와 장소를 피의자 등에게 통지하여야 하나(형사소송법 제122조 본문), '급속을 요하는 때'에는 위와 같은 통지를 생략할 수 있다(형사소송법 제122조 단서). 여기서 **'급속을 요하는 때'**라고 함은 압수·수색영장 집행 사실을 미리 알려주면 증거물을 은닉할 염려 등이 있어 압수·수색의 실효를 거두기 어려울 경우라고 해석함이 옳고, 그와 같이 합리적인 해석이 가능하므로 형사소송법 제122조 단서가 명확성의 원칙 등에 반하여 위헌이라고 볼 수 없다.

② 명확성의 원칙에 반하는 경우

【판례】(헌재 2002.6.27. 99헌마480)
전기통신사업법 제53조는 "공공의 안녕질서 또는 미풍양속을 해하는" 이라는 불온통신의 개념을 전제로 하여 규제를 가하는 것으로서, **"공공의 안녕질서 또는 미풍양속을 해하는"**이라는 불온통신의 개념은 너무나 불명확하고 애매하여, 명확성의 원칙에 위배된다.

【판례】(대법원 1998.6.18. 선고 97도2231 전원합의체 판결)
외국환관리법의 위임에 따라 동법시행령은 신고를 하거나 허가를 받아야 할 지급 등의 종류와 범위를 정하여 고시하도록 되어 있으므로, 이에 따라 재정경제원장관이 고시한 외국환관리규정 중에서 제6-15조의4 제2호 (나)목에 규정된 **'도박 기타 범죄 등 선량한 풍속 및 사회질서에 반하는 행위'라는 요건**은, 이를 한정할 합리적인 기준이 없다면, 형벌법규의 구성요건 요소로서는 지나치게 광범위하고 불명확하다고 할 것이므로, 죄형법정주의가 요구하는 형벌법규의 명확성의 원칙에 반한다.

2) 형사제재의 명확
(타인의 재물을 절취한 자는 징역에 처한다(X))

【판례】(헌재 2002.11.28. 2002헌가5)
반국가적 범죄를 반복하여 저지른 자에 대한 법정형의 최고를 사형으로 하도록 규정한 국가보안법 제13조가 **"그 죄에 대한 법정형의 최고를 사형으로 한다"**고 규정한 것이, 법정형의 최고가 사형이므로 그 이하의 형벌까지 모두 선고할 수 있다는 의미인지, 아니면 국가보안법 제7조 제5항, 제1항에 규정되어 있는 법정형 외에 사형이 법정형으로 추가된다는 의미인지 불명확하므로 형벌법규의 명확성 원칙에도 반한다.

【판례】(대법원 1977.6.28. 선고 77도251 판결)
부정선거 관련자처벌법 제5조 1항에 의하면 "부정선거에 관련하여 사람을 살해하거나 또는 부정선거에 항의하는 국민을 살해한 자는 사형, 무기 또는 7년이상의 징역이나 금고에 처한다"고 규정하고 동법 제5조 4항에 의하면 "제1항의 **예비음모와 미수는 이를 처벌한다**"고 규정하고 있다.
그러나 형법 제28조에 의하면 "범죄의 음모 또는 예비행위가 실행의 착수에 이르지 아니한 때에는 법률에 특별한 규정이 없는 한 처벌하지 아니한다"고 규정하고 있어 범죄의 음모 또는 예비는 원칙으로 벌하지 아니하되 예외적으로 법률에 특별한 규정이 있을때, 다시 말하면 음모 또는 예비를 처벌한다는 취지와 그 형을 함께 규정하고 있을 때에 한하여 이를 처벌할 수 있다고 할 것이므로 위 부정선거 관련자 처벌법 제5조 4항에 예비, 음모는 이를 처벌한다라고 규정하였다 하더라도 예비, 음모는 미수범의 경우와 달라서 그 형을 따로 정하여 놓지 아니한 이상 처벌할 형을 함께 규정한 것이라고는 볼 수 없고 또 동법 제5조 4항의 입법 취지가 동법 제5조 1항의 예비, 음모죄를 처벌한 의도이었다 할지라도 그 예비, 음모의 형에 관하여 특별한 규정이 없는 이상 이를 본범이나 미수범에 준하여 처벌한다고 해석함은 피고인의 불이익으로 돌아가는 것이므로 이는 죄형법정주의의 원칙상 허용할 수 없다 할 것이다.

3) 부정기형의 문제

① 형의 장기와 단기가 전혀 특정되지 않은 **절대적 부정기형**과 장기와 단기 또는 그 장기가 특정되어 있는 **상대적 부정기형**이 있다.

② 형법은 부정기형을 채택하지 않고 있으나 소년법은 소년범에 대하여 상대적 부정기형을 인정하고 있다. (소년법 제60조)

소년법
제60조(부정기형) ① 소년이 법정형으로 장기 2년 이상의 유기형(有期刑)에 해당하는 죄를 범한 경우에는 그 형의 범위에서 장기와 단기를 정하여 선고한다. 다만, 장기는 10년, 단기는 5년을 초과하지 못한다.
② 소년의 특성에 비추어 상당하다고 인정되는 때에는 그 형을 감경할 수 있다.
③ 형의 집행유예나 선고유예를 선고할 때에는 제1항을 적용하지 아니한다.
④ 소년에 대한 부정기형을 집행하는 기관의 장은 형의 단기가 지난 소년범의 행형(行刑) 성적이 양호하고 교정의 목적을 달성하였다고 인정되는 경우에는 관할 검찰청 검사의 지휘에 따라 그 형의 집행을 종료시킬 수 있다.

3. 소급효 금지의 원칙

(1) 의미

1) 형법의 법적 안정성에 대한 국민의 예측가능성과 신뢰보호를 목적으로 함

【판례】(대법원 2009.4.23. 선고 2008도11017 판결)
헌법 제13조 제1항 전단과 형법 제1조 제1항은 형벌법규의 소급효금지 원칙을 밝히고 있고, 법률과 대통령령이 개정되면서 신설된 게임산업진흥에관한법률 시행령 과 그 부칙에 의하면, 법 시행령 제18조의3의 시행일 이후 위 시행령 조항 각 호에 규정된 게임머니의 환전, 환전 알선, 재매입 영업행위가 처벌되는 것이므로, **그 시행일 이전에 위 시행령 조항 각 호에 규정된 게임머니를 환전, 환전 알선, 재매입한 영업행위를 처벌하는 것**은 형벌법규의 소급효금지 원칙에 위배된다.

(2) 구체적 내용

1) 예외 - 즉 소급 가능한 경우

① 행위자에게 유리한 경우

【판례】 (대법원 2010.12.16. 선고 2010도5986 전원합의체 판결)
형벌에 관한 법령이 **헌법재판소의 위헌결정으로 인하여 소급하여 그 효력을 상실하였거나 법원에서 위헌·무효로 선언된 경우**, 당해 법령을 적용하여 공소가 제기된 피고사건에 대하여 같은 법 제325조에 따라 무죄를 선고하여야 한다.

【판례】 (대법원 1997.1.24. 선고 96도1731 판결)
형법 제344조, 제328조 제1항 소정의 친족간의 범행에 관한 규정이 적용되기 위한 친족관계는 원칙적으로 범행 당시에 존재하여야 하는 것이지만, 부가 혼인 외의 출생자를 인지하는 경우에 있어서는 민법 제860조에 의하여 그 자의 출생시에 소급하여 인지의 효력이 생기는 것이며, 이와 같은 **인지의 소급효는 친족상도례에 관한 규정의 적용에도 미친다**고 보아야 할 것이므로, 인지가 범행 후에 이루어진 경우라고 하더라도 그 소급효에 따라 형성되는 친족관계를 기초로 하여 친족상도례의 규정이 적용된다.

② 불리한 보안처분의 경우 : 보호감호(소급X), 사회봉사명령(소급X) 보호관찰(소급O), 전자장치부착(소급O), 신상공개제도(소급O)

【판례】보호관찰(소급O) (대법원 1997.6.13. 선고 97도703 판결)
개정 형법 제62조의2 제1항에 의하면 형의 집행을 유예를 하는 경우에는 **보호관찰**을 받을 것을 명할 수 있고, 같은 조 제2항에 의하면 제1항의 규정에 의한 보호관찰의 기간은 집행을 유예한 기간으로 하고, 다만 법원은 유예기간의 범위 내에서 보호관찰의 기간을 정할 수 있다고 규정되어 있는바, **위 조항에서 말하는 보호관찰은 형벌이 아니라 보안처분의 성격**을 갖는 것으로서, 과거의 불법에 대한 책임에 기초하고 있는 제재가 아니라 장래의 위험성으로부터 행위자를 보호하고 사회를 방위하기 위한 합목적적인 조치이므로, 그에 관하여 반드시 행위 이전에 규정되어 있어야 하는 것은 아니며, **재판시의 규정**에 의하여 보호관찰을 받을 것을 명할 수 있다고 보아야 할 것이고, 이와 같은 해석이 형벌불소급의 원칙 내지 죄형법정주의에 위배되는 것이라고 볼 수 없다.

【판례】사회봉사명령(소급X) (대법원 2008.7.24. 자 2008어4 결정)
[1] 가정폭력범죄의 처벌 등에 관한 특례법이 정한 보호처분 중의 하나인

전자장치 부착
2013도6181

신상공개 제도
2010도14393

사회봉사명령은 가정폭력범죄를 범한 자에 대하여 환경의 조정과 성행의 교정을 목적으로 하는 것으로서 **형벌 그 자체가 아니라 보안처분의 성격을 가지는 것이 사실**이다. **그러나 한편으로 이는 가정폭력범죄행위에 대하여 형사처벌 대신 부과되는 것**으로서, 가정폭력범죄를 범한 자에게 의무적 노동을 부과하고 여가시간을 박탈하여 실질적으로는 신체적 자유를 제한하게 되므로, 이에 대하여는 원칙적으로 형벌불소급의 원칙에 따라 **행위시법**을 적용함이 상당하다.

[2] 가정폭력범죄의 처벌 등에 관한 특례법상 사회봉사명령을 부과하면서, 행위시법상 사회봉사명령 부과시간의 상한인 100시간을 초과하여 상한을 200시간으로 올린 신법을 적용한 것은 위법하다고 한 사례.

③ 불리한 절차법인 형사소송법

【판례】 (헌재 1996.2.16. 96헌가2, 96헌바13 병합)

[1] **형벌불소급의 원칙은 "행위의 가벌성" 즉 형사소추가 "언제부터 어떠한 조건하에서" 가능한가의 문제에 관한 것이고, "얼마동안" 가능한가의 문제에 관한 것은 아니므로,** 과거에 이미 행한 범죄에 대하여 공소시효를 정지시키는 법률이라 하더라도 그 사유만으로 헌법 제12조 제1항 및 제13조 제1항에 규정한 죄형법정주의의 파생원칙인 형벌불소급의 원칙에 언제나 위배되는 것으로 단정할 수는 없다.

【판례】 (대법원 1997.4.17. 선고 96도3376 전원합의체 판결)

[다수의견] 5·18민주화운동등에관한특별법 제2조는 그 제1항에서 그 적용대상을 '1979년 12월 12일과 1980년 5월 18일을 전후하여 발생한 헌정질서파괴범죄의공소시효등에관한특례법 제2조의 헌정질서파괴범죄행위'라고 특정하고 있으므로, 그에 해당하는 범죄는 5·18민주화운동등에관한특별법의 시행 당시 이미 형사소송법 제249조에 의한 **공소시효가 완성되었는지 여부에 관계없이** 모두 그 적용대상이 됨이 명백하다고 할 것인데, 위 법률 조항에 대하여는 헌법재판소가 1996. 2. 16. 선고 96헌가2, 96헌마7, 13 사건에서 위 법률 조항이 헌법에 위반되지 아니한다는 합헌결정을 하였으므로, 위 법률 조항의 적용범위에 속하는 범죄에 대하여는 이를 그대로 적용할 수밖에 없다.

④ 불리한 판례변경

【판례】 (대법원 1999.7.15. 선고 95도2870 전원합의체 판결)

형사처벌의 근거가 되는 것은 법률이지 판례가 아니고, 구 건축법 제57조에 관한 **판례의 변경**은 그 법률조항의 내용을 확인하는 것에 지나지 아니하여 이로써 위 **법률조항 자체가 변경된 것이라고 볼 수는 없으므로,** 행위 당시의 판례에 의하면 처벌대상이 되지 아니하는 것으로 해석되었던 행위를 판례의 변경에 따라 확인된 내용의 위 법률조항에 근거하여 처벌한다고 하여 그것이 형벌불소급의 원칙에 반한다고 할 수는 없다

96헌가2 등
기존의 법에 의하여 형성되어 이미 굳어진 개인의 법적 지위를 사후입법을 통하여 박탈하는 것 등을 내용으로 하는 **진정소급입법은** 개인의 신뢰보호와 법적 안정성을 내용으로 하는 법치국가원리에 의하여 헌법적으로 허용되지 않는 것이 원칙이지만, **특단의 사정이 있는 경우,** 즉 기존의 법을 변경하여야 할 공익적 필요는 심히 중대한 반면에 그 법적 지위에 대한 개인의 신뢰를 보호하여야 할 필요가 상대적으로 정당화될 수 없는 경우에는 **예외적으로 허용될 수 있다.** 그러한 진정소급입법이 허용되는 예외적인 경우로는 일반적으로, 국민이 소급입법을 예상할 수 있었거나, 법적 상태가 불확실하고 혼란스러웠거나 하여 보호할 만한 신뢰의 이익이 적은 경우와 소급입법에 의한 당사자의 손실이 없거나 아주 경미한 경우, 그리고 신뢰보호의 요청에 우선하는 심히 중대한 공익상의 사유가 소급입법을 정당화하는 경우를 들 수 있다

i. 소급효 부정설
① 예측 가능성
② 법적 안정성
ii. 구분설
- 법창조활동: 소급 부정
- 법 해석활동: 소급효 인정
iii. **소급효 긍정설(判)**

⑤ 신법적용을 배제하는 경과규정 :
형법 제1조 제2항 및 제8조에 의하면 범죄 후 법률의 변경에 의하여 형이 구법보다 경한 때에는 신법에 의한다고 규정하고 있으나 신법에 경과규정을 두어 이러한 신법의 적용을 배제하는 것도 허용된다.

4. 유추해석의 금지 원칙

(1) 의의

유추해석이란 법률에 규정이 없는 사항에 대하여 그것과 유사한 성질을 가지는 사항에 관한 법률을 적용하는 것을 말한다.

【판례】 (대법원 1997.3.20. 선고 96도1167 전원합의체 판결)
[다수의견] 형벌법규의 해석에 있어서 **법규정 문언의 가능한 의미를 벗어나는 경우**에는 **유추해석으로서 죄형법정주의에 위반하게 된다**. 그리고 유추해석금지의 원칙은 모든 형벌법규의 구성요건과 가벌성에 관한 규정에 준용되는데, **위법성 및 책임의 조각사유나 소추조건, 또는 처벌조각사유인 형면제 사유에 관하여 그 범위를 제한적으로 유추적용하게 되면** 행위자의 가벌성의 범위는 확대되어 행위자에게 불리하게 되는바, **이는 가능한 문언의 의미를 넘어 범죄구성요건을 유추적용하는 것과 같은 결과가 초래**되므로 죄형법정주의의 파생원칙인 유추해석금지의 원칙에 위반하여 허용될 수 없다. 한편 형법 제52조나 국가보안법 제16조 제1호에서도 공직선거법 제262조에서와 같이 모두 '범행발각 전'이라는 제한 문언 없이 "자수"라는 단어를 사용하고 있는데 형법 제52조나 국가보안법 제16조 제1호의 "자수"에는 범행이 발각되고 지명수배된 후의 자진출두도 포함되는 것으로 판례가 해석하고 있으므로 이것이 "자수"라는 단어의 관용적 용례라고 할 것인바, **공직선거법 제262조의 "자수"를 '범행발각 전에 자수한 경우'로 한정하는 풀이는** "자수"라는 단어가 통상 관용적으로 사용되는 용례에서 갖는 개념 외에 '범행발각 전'이라는 또다른 개념을 추가하는 것으로서 결국은 '언어의 가능한 의미'를 넘어 공직선거법 제262조의 "자수"의 범위를 그 문언보다 제한함으로써 공직선거법 제230조 제1항 등의 처벌범위를 실정법 이상으로 확대한 것이 되고, 따라서 이는 단순한 목적론적 축소해석에 그치는 것이 아니라, 형면제 사유에 대한 제한적 유추를 통하여 처벌범위를 실정법 이상으로 확대한 것으로서 죄형법정주의의 파생원칙인 유추해석금지의 원칙에 위반된다.

【판례】 (대법원 1999.5.14. 선고 99도337 판결)
총포·도검·화약류등단속법시행령 제4조 제1항 제10호는 같은 법 제2조 제2항 후단의 규정에 따라 같은법시행령 제4조 제1항 제1호 내지 제9호 소정의 도검류의 형태를 갖추었으나 칼날의 길이가 15㎝ 미만인 것 중에서 칼날의 길이가 6㎝ 이상이고 흉기로 사용될 수 있는 위험성이 뚜렷이 있는 것을 도검의 종류의 하나로 규정하고 있다고 보아야 할 것이므로, **손도끼는 같은 법 소정의 도검에 해당하지 않음이 분명하다.** 그러므로 손도끼를 같은 법 소정의 도검에 해당하는 것으로 해석 하는 것은 유추해석금지의 원칙에 위반 된다.

【판례】(대법원 2002.12.27. 선고 2002도2539 판결)
군형법 제64조 제1항의 상관면전모욕죄의 구성요건은 '상관을 그 면전에서 모욕하는' 것인데, 여기에서 '면전에서'라 함은 얼굴을 마주 대한 상태를 의미하는 것임이 분명하므로, 전화를 통하여 통화하는 것을 면전에서의 대화라고는 할 수 없다. 그럼에도 전화를 통하여 상관을 모욕한 이 사건에 대하여 상관면전모욕죄를 적용하였으니, 여기에는 상관면전모욕죄의 법리를 오해하여 판결의 결과에 영향을 미친 위법이 있다.

【판례】(대법원 2009.9.10. 선고 2009도3580 판결)
강간죄의 객체는 부녀로서 여자를 가리키는 것이므로(대법원 1996. 6. 11. 선고 96도791 판결 참조), 강간죄의 성립을 인정하기 위하여는 피해자를 법률상 여자로 인정할 수 있어야 한다.
종래에는 사람의 성을 성염색체와 이에 따른 생식기·성기 등 생물학적인 요소에 따라 결정하여 왔으나 근래에 와서는 생물학적인 요소뿐 아니라 개인이 스스로 인식하는 남성 또는 여성으로의 귀속감 및 개인이 남성 또는 여성으로서 적합하다고 사회적으로 승인된 행동·태도·성격적 특징 등의 성역할을 수행하는 측면, 즉 정신적·사회적 요소들 역시 사람의 성을 결정하는 요소 중의 하나로 인정받게 되었으므로, **성의 결정에 있어 생물학적 요소와 정신적·사회적 요소를 종합적으로 고려하여야 한다**(대법원 2006. 6. 22.자 2004스42 전원합의체 결정, 1996. 6. 11. 선고 96도791 판결 참조).
성전환자를 여성으로 인식하여 강간한 사안에서, 피해자가 성장기부터 남성에 대한 불일치감과 여성으로의 성귀속감을 나타냈고, 성전환 수술로 인하여 여성으로서의 신체와 외관을 갖추었으며, 수술 이후 30여 년간 개인적·사회적으로 여성으로서의 생활을 영위해 가고 있는 점 등을 고려할 때, 사회통념상 여성으로 평가되는 성전환자로서 강간죄의 객체인 '부녀'에 해당한다.
따라서, 위와 같은 제반사정을 고려하여 **성전환자인 이 사건 피해자를 법률상 여성으로 보고 강간죄의 객체가 된다고 한 제1심판결을 유지한 원심의 판단은 적법**하고, 거기에 강간죄의 객체인 부녀의 해석에 관한 법리오해의 위법이 없다.

【판례】(대법원 2012.3.22. 선고 2011도15057, 2011전도249 전원합의체 판결)
[다수의견] (가) 죄형법정주의 원칙상 형벌법규는 문언에 따라 엄격하게 해석·적용하여야 하고 피고인에게 불리한 방향으로 지나치게 확장해석하거나 유추해석하여서는 안 되는 것이 원칙이고, 이는 특정 범죄자에 대한 위치추적 전자장치 부착명령의 요건을 해석할 때에도 마찬가지이다.
(나) '특정 범죄자에 대한 위치추적 전자장치 부착 등에 관한 법률' 제5조 제1항 제3호는 **검사가 전자장치 부착명령을 법원에 청구할 수 있는 경우 중의 하나로 '성폭력범죄를 2회 이상 범하여 그 습벽이 인정된 때'라고 규정**하고 있는데, 이 규정 전단은 문언상 '유죄의 확정판결을 받은 전과사실을 포함하여 성폭력범죄를 2회 이상 범한 경우'를 의미한다고 해석된다. 따라서 피부착명령청구자가 소년법에 의한 보호처분을 받은 전력이 있다고 하더라도, 이는 유죄의 확정판결을 받은 경우에 해당하지 아니함이 명백하므로, 피부착명령청구자가 2회 이상 성폭력범죄를

현행법은 「특정 범죄자에 대한 보호관찰 및 전자장치 부착 등에 관한 법률.
여기서 "특정범죄"란
- 성폭력범죄,
- 미성년자 대상 유괴범죄,
- 살인범죄 및 강도범죄를 말한다.

범하였는지를 판단할 때 **소년보호처분을 받은 전력을 고려할 것이 아니다.**

【판례】 (대법원 2012.1.27. 선고 2010도8336 판결)
죄형법정주의로부터 파생된 유추해석금지 원칙과 국가보안법 제1조 제2항, 제7조 제1항, 제5항에 비추어 볼 때, '블로그', '미니 홈페이지', '카페' 등의 이름으로 개설된 **사적(사적) 인터넷 게시공간의 운영자가 사적 인터넷 게시공간에 게시된 타인의 글을 삭제할 권한이 있는데도 이를 삭제하지 아니하고 그대로 두었다는 사정만으로** 사적 인터넷 게시공간의 운영자가 타인의 글을 국가보안법 제7조 제5항에서 규정하는 바와 같이 '소지'하였다고 볼 수는 없다.

5. 적정성의 원칙

(1) 의의

현대에 있어서의 죄형법정주의는 실질적 죄형법정주의를 추구한다. 즉 단순히 범죄와 형벌을 법률로 정하는데 족한 것이 아니라 적정한 입법을 요구하는 것이다.

【판례】 (헌재 1992.4.28. 90헌바24)
특정범죄가중처벌 등에 관한 법률조항에서 **과실로** 사람을 치상하게 한 자가 구호행위를 하지 아니하고 도주하거나 고의로 유기함으로써 **치사의 결과에 이르게 한 경우**에 살인죄와 비교하여 그 법정형을 더 무겁게 한 것은 형벌체계상의 정당성과 균형을 상실한 것으로서 헌법 제10조의 인간으로서의 존엄과 가치를 보장한 국가의 의무와 헌법 제11조의 평등의 원칙 및 헌법 제37조 제2항의 과잉입법금지의 원칙에 반한다.

【판례】 (헌재 2002.11.28. 2002헌가5)
단지 반국가적 범죄를 반복하여 저질렀다는 이유만으로 다시 범한 죄가 국가보안법 제7조 제5항, 제1항과 같이 비교적 **경미한 범죄라도 사형까지 선고할 수 있도록 한 것**은 그 법정형이 형벌체계상의 균형성을 현저히 상실하여 정당성을 잃은 것이다.

* 형벌 체계상 균형을 잃은 경우

2014헌바224 특가법 제10조 통화위조 가중처벌(사형을 추가, 하한을 5년으로)

2015헌가17 구 폭처법 제3조 제1항 특수폭행죄 가중처벌 규정 위헌!

> 2015헌가17에서 폭처법 정비해야 한다는 헌재의 보충의견.
> --> **2016. 1. 5. 형법 규정, 특별형법 특정이 대폭 개정됨**
> 형법에 신설 제258조의2 특수상해죄　특가법에서 상습절도 가중 삭제
> 제324조 ② 특수강요죄　상습강도 가중 삭제
> 제350조의2 특수공갈죄　상습장물 가중 삭제
> 통화위조 가중 삭제
> 폭처법에서 삭제 § 3① 특수폭력범죄 가중처벌
> § 2 ① 상습폭력범죄 가중처벌
> § 3 ③ 상습특수폭력범죄 가중처벌

> 죄형법정주의에 대한 설명으로 가장 적절하지 **않은** 것은?
> ① '약국개설자가 아니면 의약품을 판매하거나 판매 목적으로 취득할 수 없다'고 규정한 구 「약사법」 제44조 제1항의 '판매'에 무상으로 의약품을 양도하는 '수여'를 포함시키는 해석은 죄형법정주의에 위배되지 아니한다.
> ② 「공공기관의 운영에 관한 법률」 제53조가 공기업의 임직원으로서 공무원이 아닌 사람은 「형법」 제129조의 적용에 있어서는 이를 공무원으로 본다고 규정하고 있을 뿐 구체적인 공기업의 지정에 관하여는 그 하위규범인 기획재정부장관의 고시에 의하도록 규정하였더라도 죄형법정주의에 위배되지 아니한다.
> ③ '블로그', '미니 홈페이지', '카페' 등의 이름으로 개설된 사적 인터넷 게시공간의 운영자가 게시공간에 게시된 타인의 글을 삭제할 권한이 있는데도 이를 삭제하지 아니하고 그대로 둔 경우를 「국가보안법」 제7조 제5항의 '소지'행위로 보는 것은 죄형법정주의에 위배되지 아니한다.(X)
> ④ 의사가 환자와 대면하지 아니하고 전화나 화상 등을 이용하여 환자의 용태를 스스로 듣고 판단하여 처방전 등을 발급한 행위를 구 「의료법」상 '직접 진찰한 의사'가 아닌 자가 처방전 등을 발급한 경우에 해당한다고 해석하는 것은 죄형법정주의에 위배된다.

제3장 형법의 적용범위

제1절 형법의 시적 적용범위

I. 행위시법주의의 원칙

제1조 [범죄의 성립과 처벌]
① 범죄의 성립과 처벌은 **행위시**의 법률에 의한다.

【판례】(대법원 1994.5.10. 선고 94도563)
범죄의 성립과 처벌은 행위시의 법률에 의한다(형법 제1조 제1항)고 할 때의 "**행위시"라 함은 범죄행위의 종료시를 의미**한다 할 것이므로, 비록 변호사법 개정으로 비로소 일반의 법률사건에 관한 화해관여행위가 처벌대상이 되었고, 피고인의 원심판시와 같은 사건수임계약 체결과 화해관여행위가 위 변호사법의 개정 이전에 착수된 것이라 하더라도 관여행위가 법률개정 이후에 종료된 것이라면 피고인을 변호사법위반으로 의율한 원심의 조처가 잘못이라고 할 수 없을 것이다.

II. 행위시법주의의 예외 : 재판시법주의

1. 형법 제1조 제2항 해석

제1조 [범죄의 성립과 처벌]
② **범죄 후 법률의 변경**에 의하여 그 행위가 **범죄를 구성하지 아니하거나 형이 구법보다 경한 때**에는 신법에 의한다.

(1) '범죄 후'란 행위 종료 후를 의미하며 결과발생은 포함되지 않는다.(통설)

(2) '법률의 변경'에서의 법률은 형식상의 법률이든 명령이든 불문하며, 법률의 변경에는 형벌에 영향을 미치는 총체적 법률상태가 고려되어야 한다.
예) 형법적용에 영향을 미치는 친족의 범위에 관한 민법규정의 변경,
백지형법에 있어서의 보충규범의 변경 등

【판례】 (대법원 2000.1.28. 선고 99도4022)
누설한 군사기밀사항이 누설행위 이후 평문으로 저하되었거나 군사기밀이 해제되었다고 하더라도 이를 법률의 변경으로 볼 수 없으므로 재판시 법적용 여부가 문제될 여지는 없다.

(3) '범죄를 구성하지 아니한 경우' - 면소판결

형사소송법
제326조(면소의 판결)
다음 경우에는 판결로써 면소의 선고를 하여야 한다.
1. 확정판결이 있은 때
2. 사면이 있은 때
3. 공소의 시효가 완성되었을 때
4. 범죄 후의 법령개폐로 형이 폐지되었을 때

【판례】 (대법원 1962.2.8. 선고 4293형상529 판결)
대통령. 부통령선거에 관한 헌법 제53조의 개정(60.6.15.)으로 대통령. 부통령선거법을 폐지하는 법률이 없다 하더라도 **동법은 폐지**되었다고 볼 것이므로 동법위반의 점에 대하여는 면소의 판결을 하여야 한다.
【비교판례】 (대법원 1999.12.24. 선고 99도3003 판결)
헌법재판소의 위헌결정으로 인하여 형벌에 관한 법률 또는 법률조항이 소급하여 그 효력을 상실한 경우에는 당해 법조를 적용하여 기소한 피고 사건은 범죄로 되지 아니하는 때에 해당하므로, 결국 이 부분 공소사실은 무죄라 할 것이다.

(4) '형이 구법보다 경하게 된 때' - 여기서 형은 법정형을 의미. 형의 경중은 형법 제50조에 의하고 가중·감경한 형을 비교하여야 한다. 그리고 주형뿐만 아니라 부가형도 비교해야 한다(다수설).

【판례】 (대법원 1992.11.13. 선고 92도2194 판결)
형의 경중의 비교는 원칙적으로 법정형을 표준으로 할 것이고 처단형이나 선고 형에 의할 것이 아니며, **법정형의 경중을 비교함에 있어서 법정형 중 병과형 또는 선택형이 있을 때에는 이 중 가장 중한 형을 기준으로 하여 다른 형과 경중을 정하는 것이 원칙**이다.

【판례】 (대법원 1960.9.30. 선고 4293형상398 판결)
신구형법의 형의 경중을 비교함에 있어 형을 가중감경할 때는 **형의 가중 또는 감경을 한 후에 비교**하여야 한다.

(5) **【판례】 (대법원 1968.12.17. 선고 68도1324 판결)**
행위시와 재판시 사이에 수차 법령의 변경이 있는 경우에는 이 점에 관한 당사자의 주장이 없더라도 본조 제2항에 의하여 직권으로 행위시법과 제1, 2 심판시법의 세 가지 규정에 의한 형의 경중을 비교하여 그중 가장 형이 경한 법규정을 적용하여 심판하여야 한다.

(6) 실행행위가 신법과 구법 시행 전후에 걸쳐서 행해진 경우에는 형의 경중에 차이가 있어도(즉, 신법이 중하게 변경된 경우라도) 신법을 적용한다. (포괄일죄의 경우)

【판례】(대법원 1998.2.24. 선고 97도183 판결)
포괄일죄로 되는 개개의 범죄행위가 법 개정의 전후에 걸쳐서 행하여진 경우에는 신·구법의 법정형에 대한 경중을 비교하여 볼 필요도 없이 범죄 실행 종료시의 법이라고 할 수 있는 신법을 적용하여 포괄일죄로 처단하여야 한다.

(7) 신법과 구법의 변경이 없으면 원칙으로 돌아가 형법 제1조 제1항에 의해 행위시법이 적용된다.

【판례】(대법원 1991.10.8. 선고 91도1911 판결)
특정경제범죄가중처벌등에관한법률 제3조 제1항의 **개정 전후를 통하여 형의 경중은 없으므로** 행위시법인 개정 전 법률을 적용하여야 한다고 한 사례

(8) 형을 종전보다 가볍게 형벌법규를 개정하면서 **그 부칙으로** 개정 전의 범죄의 대하여는 종전의 형벌법규를 추급하여 적용하도록 규정한다 하여 죄형법정주의에 반하거나 범죄 후 형의 변경이 있는 경우라 할 수 없으므로 형법 제1조 제2항 소정의 신법우선주의가 적용될 여지가 없다.

(9) 세율의 변경은 형의 변경이라 할 수 없으므로 포탈세액을 종전의 세율에 따라 산정한 것도 적법하다.

【판례】(대법원 1984.12.26. 선고 83도1988 판결)
무단반출한 물품에 대한 세율이 범행 당시는 100퍼센트였으나 그 후 관세법의 개정으로 40퍼센트로 변경되었다고 하더라도 조세채권의 성립요건이 충족된 후에 조세법이 개정되더라도 그 구 조세법의 규정에 의하여 발생한 조세채권의 내용에는 아무 영향이 없고, **세율의 변경은 형의 변경이라고 할 수도 없어** 포탈세액을 종전의 세율에 따라 산정한 것은 적법하다.

2. 형법 제1조 제3항 해석

제1조 [범죄의 성립과 처벌]
③ 재판확정 후 법률의 변경에 의하여 그 행위가 범죄를 구성하지 아니하는 때에는 형의 집행을 면제한다.

Ⅲ. 한시법과 추급효

1. 동기설 (판례)

(1) 법률변경의 동기가 법적견해의 변경이 아닌 사실관계의 변화에 의한 경우만 추급효를 인정한다.

1) 법적견해의 변경을 동기로 하는 경우 (추급효 부정-신법적용)

【판례】 (대법원 2002.9.24. 선고 2002도4300 판결)
정당한 사유 없이 명시기일에 출석하지 아니한 사람에 대하여 3년 이하의 징역 또는 500만 원 이하의 벌금에 처하도록 규정하고 있던 구 민사소송법 제524조의8 제1항이 2002. 7. 1.부터 시행된 민사집행법 제68조 제1항 제1호에서 법원의 결정으로 20일 이내의 감치에 처하는 것으로 개정된 경우 민사채무불이행에 대한 간접강제수단으로서의 성격을 가지고 있는 재산명시신청절차에서 법원의 출석 요구 등에 따르지 아니한 채무자에 대하여 바로 형벌을 과하는 것이 부당하다는 반성적 고려에서 이루어진 것으로서 형사소송법 제326조 제4호의 범죄 후의 법령개폐로 형이 폐지되었을 때에 해당한다.

【판례】 (대법원 2009.2.26. 선고 2006도9311 판결)
구 의료법이 약효에 관한 광고를 허용하고 그에 대한 벌칙조항을 삭제하면서 부칙에 그 시행 전의 약효에 관한 광고행위에 대한 벌칙의 적용에 관하여 아무런 경과규정을 두지 않은 것은 약효에 대한 광고행위까지 처벌대상으로 삼은 종전의 조치가 부당하다는 반성적 고려에 의한 것이어서, 범죄 후 법률의 변경에 의하여 그 행위가 범죄를 구성하지 아니하는 경우에 해당하여 형법 제1조 제2항에 따라 신법을 적용하여야 함에도 구법을 적용한 조치가 위법하다고 한 사례

【판례】 (대법원 2010.3.11. 선고 2009도12930 판결)
법정형으로 징역형과 금고형만 규정되어 있던 구 군형법 제79조(무단이탈)가 원심판결 선고 후 개정되어 벌금형이 추가된 경우, 그 취지는 무단이탈의 형태와 동기가 다양함에도 불구하고 죄질이 경미한 무단이탈에 대하여도 반드시 징역형 내지 금고형으로 처벌하도록 한 종전의 조치가 과중하다는 데에서 나온 반성적 조치라고 보아야 할 것이어서, 이는 형법 제1조 제2항의 '범죄 후 법률의 변경에 의하여 형이 구법보다 경한 때'에 해당한다고 한 사례.

2) 사실관계의 변경을 동기로 하는 경우 (추급효 인정-구법적용)

【판례】 (대법원 2000.8.18. 선고 2000도2943 판결)
구 부동산중개업법 제6조 제2항, 같은법시행령 제8조 제1항에 의하여 부동산중개업자가 둘 수 있는 **중개보조원의 인원수가 제한되어 있었다가 위의 개정된 법령에 의하여 위의 각 규정들이 삭제됨으로써 부동산 중개업자가 인원수의 제한 없이 중개보조원을 고용할 수 있게 되었으나,** 이러한 법령의 개정은 법률이념의 변천으로 종래의 규정에 따른 처벌 자체가 부당하다는 반성적 고려에서 비롯된 것이라기보다는 사회·경제 상황의 변화에 따라 부동산중개업자의 중개보조원 고용인원수를 제한할 필요성이 감소됨으로써 취하여진 정책적인 조치에 불과한 것이라고 판단되고 위의 개정된 법률에서 그 법 시행 전의 범죄에 대한 벌칙 적용의 경과규정을 두지 않았다 하여 달리 볼 것은 아니므로, 중개보조원 고용 인원수제한 규정이 폐지되었다고 하더라도 그 이전에 이미 범하여진 위반행위에 대한 가벌성이 소멸되는 것은 아니다.

【판례】 (대법원 1999.11.12. 선고 99도3567 판결)
도로교통법상의 지정차로 제도가 한때 폐지된 일이 있었으나 그 폐지는 법률이념의 변천으로 종래의 규정에 따른 처벌 자체가 부당하다는 반성적 고려에서 비롯된 것이라기 보다는 당시의 특수한 필요에 대처하기 위한 정책적 조치에 따른 것이라고 판단되므로 그 제도 폐지 전에 이미 범하여진 위반행위에 대한 가벌성은 소멸되지 않는 것이다.

【판례】 (대법원 2011.9.8. 선고 2011도7635 판결)
구 마약류 불법거래 방지에 관한 특례법 제9조 제2항의 처벌대상이 '약물 기타 물품을 마약류로 인식하고 양도·양수하거나 이를 소지한 행위'에서 '약물이나 그 밖의 물품을 마약류라는 사실을 알면서도 양도·양수하거나 소지한 행위'로 개정되었더라도, 위 법률 개정이 종전에 마약류에 해당하지 않는 약물 기타 물품을 마약류로 인식하고 양도·양수하거나 소지한 행위를 형사처벌한 것이 부당하였다는 반성적 고려에서 비롯된 것으로 볼 수 없다고 한 원심판단을 수긍한 사례

(2) 형법전에 한시법의 추급효를 인정하는 명문규정이 있으면 한시법의 추급효 인정여부는 논란의 대상이 되지 않는다. 그러나 우리 형법전에는 한시법의 추급효에 관한 명문규정이 없다.

(3) 모든 백지 형법에는 한시법이 적용된다. (X)

(4) 현행형법상 백지형법 : 중립명령위반죄 (제112조)

백지형법
형벌법규의 구성요건이나 그 효과를 규정하지 않고 이를 다른 법규(보충규범)에 의하여 보충할 수 있도록 한 규정.

종전에는 세계주의를 제외한 입법주의를 취하였다가, 2013년 개정 형법에서 약취·유인, 인신매매규정(제296조의2)에서 세계주의를 형법에서 규정하게 되었다.
따라서 외국인이 외국에서 위 죄를 범한 경우에도 우리 형법이 적용된다.
약취: 폭행, 협박이 수단
유인: 기망, 유혹이 수단

제2절 형법의 장소적 적용범위

Ⅰ. 총설

4가지 입법주의가 있는바, 세계주의를 포함한 입법주의를 우리 형법은 채택하고 있다.

Ⅱ. 속지주의 (영토주의)

제2조 [국내범] 본법은 대한민국 영역 내에서 죄를 범한 내국인과 외국인에게 적용된다.

제4조 [국외에 있는 내국선박 등에서 외국인이 범한 죄] 본법은 대한민국 영역외에 있는 대한민국의 선박 또는 항공기내에서 죄를 범한 외국인에게 적용한다.

1. 북한도 대한민국의 영역 O

2. 죄를 범하였다 함은 행위 또는 결과의 어느 것이라도 대한민국의 영역 내에서 발생하면 족하다.

【판례】(대법원 2000.4.21. 선고 99도3403 판결)

외국인이 대한민국 공무원에게 알선한다는 명목으로 금품을 수수하는 행위가 대한민국 영역 내에서 이루어진 이상, 비록 금품수수의 명목이 된 알선행위를 하는 장소가 대한민국 영역 외라 하더라도 대한민국 영역 내에서 죄를 범한 것이라고 하여야 할 것이므로, 형법 제2조에 의하여 대한민국의 형벌법규인 구 변호사법(2000. 1. 28. 법률 제6207호로 전문 개정되기 전의 것) 제90조 제1호가 적용되어야 한다.

【판례】(대법원 1998.11.27. 선고 98도2734 판결)

[1] 향정신성의약품관리법에 정한 향정신성의약품의 수입이라 함은 그 목적이나 의도에 관계 없이 향정신성의약품을 국외로부터 우리 나라의 영토 내로 양륙하는 등으로 반입하는 행위를 뜻하는 것이고, 한편 향정신성의약품관리법은 향정신성의약품의 오용 또는 남용으로 인한 보건위생상의 위해를 방지하기 위하여 필요한 규제를 행함을 목적으로 하는 것으로서, 이러한 위해발생의 위험성은 향정신성의약품의 양륙 또는 지상반입에 의하여 이미 발생하고, 위와 같은 의약품을 선박이나 항공기로부터 양륙 또는

지상에 반입함으로써 기수에 달하는 것이다.
[2] **국외에서 국외로 운반중인 히로뽕이 경유지인 국내 공항에서 환적을 위하여 항공사측에 의하여 일시적으로 지상반출된 경우**, 히로뽕의 오용 또는 남용으로 인한 보건위생상의 위해발생의 위험성이 이미 발생하였다는 이유로 향정신성의약품의 수입에 해당한다고 본 사례.
[3] **형법 제2조를 적용함에 있어서 공모공동정범의 경우 공모지도 범죄지로 보아야 한다.**

3. 제4조는 기국주의를 규정한 것이다(기국주의도 속지주의에 포함된다고 보는 입장이다). - 기국주의에서 주의할 점은 범죄자가 '외국인' 이라는 것이다.

【판례】(대법원 1997.11.20. 선고 97도2021 전원합의체 판결)
캐나다 국적을 가진 피고인이 북한의 지령을 받기 위하여 캐나다 토론토를 출발하여 일본과 중국을 순차 경유하여 북한 평양에 들어간 행위는 제3국과 대한민국 영역 내에 걸쳐서 이루어진 것이고, 피고인이 북한의 지령을 받고 국내에 잠입하여 활동하던 중 그 목적수행을 위하여 **서울 김포공항에서 대한항공편으로 중국 북경으로 출국한 후 중국 북경에서 북한 평양으로 들어간 행위는** 대한민국 영역 내와 대한민국 영역 외에 있는 대한민국의 항공기 내 및 대한민국의 통치권이 미치지 아니하는 제3국에 걸쳐서 이루어진 것이라고 할 것인바, 이와 같은 경우에는 비록 피고인이 캐나다 국적을 가진 외국인이라고 하더라도 형법 제2조, 제4조에 의하여 대한민국의 형벌법규가 적용되어야 할 것이고, 형법 제5조, 제6조에 정한 외국인의 국외범 문제로 다룰 것은 아니다.

4. 한국 내의 공항에 기착한 외국 항공기 내에서 외국인 승객이 다른 외국인 승객을 폭행한 경우에 우리 형법이 적용되는 것은 속지주의에 기한 것이다.

5. 한국 영해 밖을 항해 중인 한국선박 내에서 외국인이 한국인 선원을 살해한 경우에 우리 형법이 적용되는 것은 보호주의에 기한 것이다.(X) → 기국주의(旗國主義)

Ⅲ. 속인주의

제3조 [내국인의 국외범] 본법은 대한민국 영역 외에서 죄를 범한 내국인(대한민국 국민)에게 적용한다.

1. 내국인이라 함은 대한민국의 국적을 가진 자이다.

2. 국적은 행위시에 가지고 있으면 된다.

3. 우리나라에서 죄를 범한 경우는 속지주의가 적용되기에 속인주의가 적용된다는 뜻은 대한민국 영역 외에서의 범죄를 대상으로 한다. → 적극적 속인주의

4. **【판례】(대법원 1986.6.24. 86도403)**
국제협정이나 관행에 의하여 대한민국 내에 있는 미국문화원이 치외법권 지역이고 그 곳을 미국영토의 연장으로 본다 하더라도 그 곳에서 죄를 범한 대한민국 국민에 대하여 우리 법원에 먼저 공소가 제기되고 미국이 자국의 재판권을 주장하지 않고 있는 이상 **속인주의**를 함께 채택하고 있는 우리나라의 재판권은 동인들에게도 당연히 미친다 할 것이며 미국 문화원측이 동인들에 대한 처벌을 바라지 않았다고 하여 그 재판권이 배제되는 것도 아니다

5. 외국에서 한국인이 강도를 행한 경우 우리 형법이 적용되는 것은 속인주의에 기한 것이다.

【판례】(대법원 2001.9.25. 선고 99도3337 판결)
형법 제3조는 '본법은 대한민국 영역 외에서 죄를 범한 내국인에게 적용한다.'고 하여 형법의 적용 범위에 관한 속인주의를 규정하고 있는바, 필리핀국에서 카지노의 외국인 출입이 허용되어 있다 하여도, **형법 제3조에 따라**, 필리핀국에서 도박을 한 피고인에게 우리 나라 형법이 당연히 적용된다.

Ⅳ. 보호주의 (현실주의 : 국가보호주의)

제5조 [외국인의 국외범] 본법은 대한민국 영역 외에서 다음에 기재한 죄를 범한 외국인에게 적용한다.

1. 내란의 죄
2. 외환의 죄
3. 국기에 관한 죄
4. 통화에 관한 죄
5. 유가증권, 우표와 인지에 관한 죄

6. 문서에 관한 죄 중 제225조 내지 제230조 (공문서)
7. 인장에 관한 죄 중 제238조 (공인 등의 위조 · 부정사용죄)

1. 미국인 A는 행사할 목적으로 미국에서 독일화폐를 위조한 후 한국으로 도주하였다. A는 한국에서 한국인 甲女를 만나 결혼한 후 한국 국적을 취득하였다. A에 대한 한국형법 적용 → 한국 형법의 통화위조죄에 해당하며, 한국 국적의 취득 여부와 관계없이 한국형법의 적용을 받게 된다.
2. 외국에서 외국인이 한국의 공문서를 위조한 경우 우리 형법이 적용되는 것은 보호주의(제5조)에 기한 것이다.

제6조(대한민국과 대한민국국민에 대한 국외범) 본법은 대한민국영역 외에서 대한민국 또는 대한민국국민에 대하여 전조에 기재한 이외의 죄를 범한 외국인에게 적용한다. 단 행위지의 법률에 의하여 범죄를 구성하지 아니하거나 소추 또는 형의 집행을 면제할 경우에는 예외로 한다.

【판례】(대법원 2002.11.26. 선고 2002도4929 판결)
형법 제239조 제1항의 사인위조죄는 형법 제6조의 대한민국 또는 대한민국 국민에 대하여 범한 죄에 해당하지 아니하므로 **중국 국적자가 중국에서 대한민국 국적 주식회사의 인장을 위조한 경우**에는 외국인의 국외범으로서 그에 대하여 재판권이 없다.
내국인이 아닌 피고인이 위 영사관 내에서 공소외인 명의의 여권발급신청서 1장을 위조하였다는 취지의 공소사실에 대하여 외국인의 국외범에 해당한다는 이유로 피고인에 대한 재판권이 없다고 판단한 것은 옳다.

【판례】(대법원 2006.9.22. 선고 2006도5010 판결)
중국 북경시에 소재한 대한민국 영사관 내부는 여전히 중국의 영토에 속할 뿐 이를 대한민국의 영토로서 그 영역에 해당한다고 볼 수 없을 뿐 아니라, 사문서위조죄가 형법 제6조의 대한민국 또는 대한민국 국민에 대하여 범한 죄에 해당하지 아니함은 명백하다.

【판례】(법원 1997.7.25. 선고 97도1142 판결)
중국국적의 조선족 선원이 니카라과 선적인 원양어선 페스카마호에서 한국인 선장등을 살인한 사건에서 보호주의에 의해 재판권 인정

【판례】(대법원 2011.8.25. 선고 2011도6507 판결)
[1] 형법 제5조, 제6조의 각 규정에 의하면, **외국인이 외국에서 죄를 범한 경우에는 형법 제5조 제1호 내지 제7호에 열거된 죄를 범한 때와** 형법 제5조 제1호 내지 제7호에 **열거된 죄 이외에 대한민국 또는 대한민국 국민에 대하여**

죄를 범한 때에만 대한민국 형법이 적용되어 우리나라에 재판권이 있게 되고, 여기서 **'대한민국 또는 대한민국 국민에 대하여 죄를 범한 때'**란 대한민국 또는 대한민국 국민의 법익이 직접적으로 침해되는 결과를 야기하는 죄를 범한 경우를 의미한다.

[2] **캐나다 시민권자인 피고인**이 **캐나다에서 위조사문서를 행사**하였다는 내용으로 기소된 사안에서, 형법 제234조의 위조사문서행사죄는 형법 제5조 제1호 내지 제7호에 열거된 죄에 해당하지 않고, 위조사문서행사를 형법 제6조의 대한민국 또는 대한민국 국민의 법익을 직접적으로 침해하는 행위라고 볼 수도 없으므로 피고인의 행위에 대하여는 우리나라에 재판권이 없다.

Ⅴ. 세계주의

우리 형법은 종전에 세계주의를 제외한 입법주의를 취하였다가, 2013년 개정 형법에서 약취·유인, 인신매매규정(제296조의2)에서 세계주의를 규정하게 되었다.

Ⅵ. 외국에서 받은 형의 집행의 면제

2016.12.20.개정 전까지는 "제7조(외국에서 받은 형의 집행) 범죄에 의하여 외국에서 형의 전부 또는 일부의 집행을 받은 자에 대하여는 형을 감경 또는 면제할 수 있다."
- 임의적 감면사유였으나, 현행 규정으로 변경

제7조(외국에서 집행된 형의 산입) 죄를 지어 외국에서 형의 전부 또는 일부가 집행된 사람에 대해서는 그 집행된 형의 전부 또는 일부를 선고하는 형에 산입한다.

Ⅶ. 우리 형법의 태도

현행 형법은 속지주의(제2조, 제4조)를 원칙으로 하고, 속인주의(제3조)와 보호주의 (제5조, 제6조), 세계주의(제296조의2)를 가미하고 있다.

제3절 형법의 인적 적용범위

Ⅰ. 대통령 (헌법 제84조)

내란 또는 외환의 죄를 범한 경우를 제외하고, 재직 중 형사상 소추 받지 아니한다.

Ⅱ. 국회의원 (헌법 제45조)

국회에서 직무상 행한 발언과 표결에 관하여 국회 외에서 책임을 지지 아니한다.

Ⅲ. 치외법권을 가진 자

1. 외국의 군인 및 군대 - 한미간의 군대지위협정-SOFA협정 (공무집행 중 미군범죄)

【판례】(대법원 2006.5.11. 선고 2005도798 판결)

[1] 대한민국과 아메리카합중국 간의 상호방위조약 제4조에 의한 시설과 구역 및 대한민국에서의 합중국 군대의 지위에 관한 협정에 의하면, 미합중국 군대의 군속 중 통상적으로 대한민국에 거주하고 있는 자는 위 협정이 적용되는 군속의 개념에서 배제되므로, 그에 대하여는 대한민국의 형사재판권 등에 관하여 위 협정에서 정한 조항이 적용될 여지가 없다.

[2] **미합중국 국적을 가진 미합중국 군대의 군속인 피고인이 범행 당시 10년 넘게 대한민국에 머물면서 한국인 아내와 결혼하여 가정을 마련하고 직장 생활을 하는 등 생활근거지를 대한민국에 두고 있었던 경우,** 피고인은 대한민국과 아메리카합중국 간의 상호방위조약 제4조에 의한 시설과 구역 및 대한민국에서의 합중국 군대의 지위에 관한 협정에서 말하는 '통상적으로 대한민국에 거주하는 자'에 해당하므로, 피고인에게는 위 협정에서 정한 미합중국 군대의 군속에 관한 형사재판권 관련 조항이 적용될 수 없다고 한 사례.

[3] **한반도의 평시상태에서** 미합중국 군 당국은 미합중국 군대의 군속에 대하여 형사재판권을 가지지 않으므로... 대한민국은... 미합중국 군대의 군속이 대한민국 영역 안에서 저지른 범죄로서 대한민국 법령에 의하여 처벌할 수 있는 범죄에 대한 형사재판권을 바로 행사할 수 있다.

형법의 해석과 적용에 관한 설명 중 옳지 **않은** 것은?

① 「형법」의 총칙은 다른 법령에 정한 죄에 적용되지만, 그 법령에 특별한 규정이 있는 때에는 예외로 한다.

② 재판확정 후 법률의 변경에 의하여 그 행위가 범죄를 구성하지 아니하는 때에는 형의 집행을 면제한다.

③ 외국에서 미결구금되었다가 무죄판결을 받은 사람은 「형법」 제7조의 '외국에서 형의 전부 또는 일부가 집행된 사람'에 해당한다.(X)

④ 특수폭행치상죄의 경우 「형법」 제258조의2의 특수상해죄의 신설에도 불구하고 종전과 같이 「형법」 제257조 제1항의 상해죄의 예에 의하여 처벌하는 것으로 해석하여야 한다.

특수폭행치상
2018도3443

「형법」의 적용범위에 대한 설명으로 가장 적절하지 **않은** 것은?

① 외국인 甲이 대한민국 영역 외에서 대한민국 국민의 법익이 직접적으로 침해되는 결과를 야기하는 범죄를 범한 경우에도 대한민국 「형법」을 적용할 수 있다.

② 한국인 乙이 외국에서 미결구금되었다가 무죄판결을 받은 경우 그 미결구금일수는 국내에서 동일한 행위로 인하여 선고받은 형에 산입하여야 한다.(X)

③ 한국인 丙이 도박죄를 처벌하지 않는 외국 카지노에서 도박을 한 경우에도 대한민국 「형법」을 적용할 수 있다.

④ 외국인 丁이 외국에서 서울지방경찰청장 명의의 운전면허증을 위조한 경우에도 대한민국 「형법」을 적용할 수 있다.

살인(외국에서의 미결구금에 대해 형법 제7조의 적용을 구하는 사건) 2017도5977

제2편 범죄론

제1장 범죄의 기본개념

제1절 범죄의 의의와 범죄의 체계

Ⅰ. 범죄의 성립조건

구성요건해당성, 위법성, 책임

Ⅱ. 범죄의 처벌조건

1. 종류

(1) 객관적 가벌요건

1) 사전수뢰죄의 공무원, 중재인이 되었다는 사실
2) 명예훼손죄가 가벌적이려면 명예훼손행위가 진실한 사실로서 오로지 공공의 이익에 관계되지 않았다는 사실이 필요하다.

(2)「신분적」처벌조각사유

1) 친족상도례
2) 외교관 치외법권

2. 처벌조건과 범죄성립조건과의 구별 실익

(1) 처벌조건에 대한 인식의 결여는 고의의 성립에 영향을 미치지 않는다.
(2) 처벌조건이 결여된 행위에 대하여도 정당방위가 가능하다.
(3) 처벌조건이 없는 경우에도 공범이 성립된다.

제129조② (사전수뢰) 공무원 또는 중재인이 될 자가 그 담당할 직무에 관하여 청탁을 받고 뇌물을 수수, 요구 또는 약속한 후 공무원 또는 중재인이 된 때에는 3년 이하의 징역 또는 7년 이하의 자격정지에 처한다.

제310조(위법성의 조각) 제307조제1항의 행위(공연히 사실을 적시하여 사람의 명예를 훼손한 행위)가 진실한 사실로서 오로지 공공의 이익에 관한 때에는 처벌하지 아니한다.

Ⅲ. 범죄의 소추조건

1. 종류

기존에는 아래와 같은 범죄가 친고죄로 분류되었다.
1) 간통죄
2) 강간죄
3) 강제추행죄
4) 준강간 · 준강간추행
5) 미성년자 간음 추행죄
6) 혼인빙자간음죄
- 폐지(위헌!)
7) 업무상위력에 의한 간음죄
8) 추행 간음 결혼목적 약취 · 유인죄

(1) 친고죄 (정지조건부범죄) :

범죄피해자의 고소가 있어야 공소제기가 가능한 범죄

- 비밀침해죄
- 업무상 비밀누설죄
- 사자 명예훼손죄
- 모욕죄
- 상대적 친고죄

(기존 친고죄 중 2013. 6. 19.부터 시행된 개정 법률에서는 강간죄 등 성폭력범죄에 대하여는 친고죄 규정이 폐지되었다.)

- 강간치상죄, 강도치상죄, 부녀매매죄, 미성년자약취유인죄, 영리목적 약취유인죄는 원래부터 친고죄가 아니다.

(2) 빈의사불벌죄 (해제조긴부 범죄)

1) 폭행·존속폭행죄
2) 협박 존속협박죄
3) 과실치상죄
4) 명예훼손죄, 출판물 등에 의한 명예훼손죄
5) 외국국기 국장모독죄, 외국원수 사절에 대한 폭행 협박 모욕죄

(2)-1 사자명예훼손죄와 모욕죄는 친고죄이지만, 명예훼손죄와 출판물에 의한 명예훼손죄는 반의사불벌죄이다.

(2)-2 상해죄, 업무상과실 중과실치상죄는 친고죄도 반의사불벌죄도 아니다.

(2)-3 특수폭행죄 특수협박죄, 상습폭행죄 상습협박죄, 학대죄 · 존속학대죄는 반의사불벌죄가 아니다.

< 판례는, 친고죄와 반의사불벌죄의 구별 취지를 어떻게 설명하는가 ?>

"법이 친고죄를 인정하는 이유는 두가지 유형이 있다고 볼 수 있다. 그 하나는 범죄를 소추해서 그 사실을 일반에게 알리는 것이 도리어 피해자에게 불이익을 줄 우려가 있기 때문에 이와 같은 경우에는 피해자의 처벌희망의 의사표시가 있어야 비로소 소추해서 처벌할 수 있게 하는 것이고, 또 하나는 비교적 경미하고 주로 피해자 개인의 법익을 침해하는 범죄에 관하여 구태여 피해자의 의사나 감정을 무시하면서까지 처벌할 필요가 없기 때문에 이와 같은 경우에는 피해자로 부터 아무런 말이 없으면 소추하지 아니하고 피해자가 처벌을 희망하여 올 경우에 그때에 논하게 하겠다는 것이다.

반의사불벌죄는 1953. 9. 18. 형법 개정시 구 형법에 없던 새로운 유형의 범죄를 창설한 것으로서, 위의 이유중 첫째의 것은 없고, 친고죄중 두번째 이유에 해당하는 유형의 경우중 상대적으로 덜 경미하여 처벌의 필요성이 적지 않는데도 이를 친고죄로 하는 경우 피해자가 심리적 압박감이나 후환이 두려워 고소를 주저하여 법이 그 기능을 다하기 어려울 것에 대비한 것이며, 이와 같은 경우에는 다른 일반의 범죄와 마찬가지로 수사, 소추, 처벌을 할 것이나 피해자가 명시적으로 처벌을 희망하지 아니할 의사를 밝힌 경우에 한하여는 구태여 소추해서 처벌하지 않겠다는 것이다.

그러므로 친고죄와 반의사불벌죄는 피해자의 의사가 소추조건이 된다는 점에 있어서는 같다고 할 것이나, 피해자의 의사를 조건으로 하는 이유나 방법에 있어서는 같다고 할 수 없고, 반의사불벌죄는 피해자에 대한 배상이나 당사자 사이의 개인적 차원에서 이루어지는 분쟁해결을 촉진하고 존중하려는 취지도 포함되어 있다고 볼 수 있어서, 이점에서는 친고죄와는 다른 의미가 있다고 할 것이다."

제2장 구성요건

제1절 구성요건 이론

Ⅰ. 소극적 구성요건 표지이론 (소극적 구성요건 요소론)

1. 내용

구성요건이 위법성의 존재근거가 되고, 위법성조각사유가 있으면 구성요건에도 해당하지 않는다는 이론.

2. 비판점

(1) 위법성조각의 문제와 구별되는 구성요건해당행위 자체가 갖는 실질적 기능이 무시된다는 점

(2) 구성요건에 해당하지 않는 행위와 구성요건적 행위로서 단지 위법성이 없는 행위와의 구별이 안 된다는 점 - 처음부터 구성요건에 해당되지 않는 행위(파리를 죽이는 행위)와 구성요건에 해당하지만 위법성이 조각되는 행위(정당방위로 사람을 죽이는 행위) 사이의 본질적인 차이를 무시했다는 비판

제2절 행위불법(행위무가치)와 결과불법(결과무가치)

Ⅰ. 형법상 불법의 개념과 의미

1. 결과불법과 행위불법

(1) 의의

1) 결과불법은 법익보호의 관점에서 부정적으로 평가된 외적상태를 의미한다.
2) 한편 행위불법은 주관적 구성요건 요소(고의나 과실)를 중심으로 객관적 행위자적 요소(신분)나 행위태양(사기, 공갈, 횡령, 배임 등의 태양)을

내용으로 하는 상태를 의미한다.

(2) 거동범의 경우에도 결과불법은 존재한다.
거동범의 결과불법은 미미하게나마 행위불법 내에 내재되어 있는 것이다. 그러므로 거동범은 행위(거동)만을 수행하여도 결과불법까지 충족시키게 되어 기수에 이르게 되는 것이다. 여기에서 거동범의 미수범성립여지가 거의 없음을 깨닫게 된다.

(3) 어떻든 구성요건을 실현하기 위해서 양자의 결합이 필요하다는 것이 일반적 견해이다. (이원적 인적불법론)

고의와 과실 및 착오에 관한 설명 중 옳지 **않은** 것은?
(다툼이 있는 경우 판례에 의함)

① 위법성을 조각하는 피해자의 승낙과 구성요건해당성을 조각하는 양해를 구별하는 입장에 따르면, 양해가 없음에도 불구하고 있다고 생각하고 행위한 경우 불능미수가 성립한다.(X)
② 「형법」 제13조에 따르면 죄의 성립요소인 사실을 인식하지 못한 행위는 벌하지 아니하지만, 법률에 특별한 규정이 있는 경우에는 예외로 한다.
③ 골프경기를 하던 중 골프공을 쳐서 아무도 예상하지 못한 자신의 등 뒤편으로 보내어 경기보조원에게 상해를 입힌 행위는 주의의무를 현저히 위반하여 사회적 상당성의 범위를 벗어난 행위로서 과실치상죄가 성립한다.
④ 위법성은 구성요건해당성의 소극적 요소라고 보는 소극적 구성요건요소이론에 따르면, 위법성조각사유의 전제사실의 착오의 경우 고의가 부정된다.

제3절 구성요건 일반 : 구성요건 종류

Ⅰ. 구성요건의 요소

1. 기술적 구성요건 요소와 규범적 구성요건 요소

(1) 기술적 구성요건요소

1) 가치판단을 요하지 않고 사실 확정에 의하여 그 의미를 파악할 수 있는 구성요건 요소를 말한다.

2) ex) 사람, 건조물, 부녀, 불, 재물

(2) 규범적 구성요건요소

1) 규범의 논리적 판단과 가치판단에 의해서만 그 의미를 확정할 수 있는 구성요건 요소를 말한다.

존속살해죄의 직계존속은 규범적 구성요건요소이시반, 친족상도례의 친족은 규범적 내용을 포함하나 구성요건 요소는 아니다.

2) 법률적 평가를 필요로 하는 규범적 구성요건요소
ex) 공무원, 배우자, 직계존속, 타인의 재물, 문서, 유가증권

3) 사회적 경제적 평가를 필요로 하는 규범적 구성요건요소
ex) 업무, 모욕, 명예, 간음, 추행, 정조, 음란

2. 객관적 구성요건 요소와 주관적 구성요건 요소

3. 봉쇄적 구성요건 요소와 개방적 구성요건 요소(Welzel) (부작위의 '보증인 지위', 결과범의 '인과관계, 과실범의 '주의의무', 공갈죄의 '공갈')

Ⅱ. 구성요건의 분류

1. 불법구성요건 - 협의의 구성요건

2. 총체적 불법구성요건 - 구성요건에 위법성조각사유들까지 포함되는 개념(소극적 구성요건 표지이론에서..)

3. 범죄구성요건 - 불법구성요건, 책임, 그리고 가벌성의 객관적 조건이 포함된다. 그러나 소추조건은 제외

4. 보장(적) 구성요건 - 죄형법정주의에 입각하여 형사처벌의 법적인 전제조건 전체

Ⅲ. 구성요건의 유형

1. 목적범

(1) 해당범죄

1) 범죄단체조직죄 - 범죄할 목적
2) 다중불해산죄 - 폭행 협박할 목적
3) 내란죄 - 국헌문란, 국토 참절할 목적
4) 출판물에 의한 명예훼손 - 사람을 비방할 목적으로
5) 통화위조죄 - 행사할 목적
6) 유가증권 위조죄, 소인말소죄, 문서위조죄, 허위공문서작성죄-행사할 목적
7) 법정모욕죄 - 법원의 재판 또는 국회의 심의를 방해 또는 위협할 목적
8) 음행매개죄 - 영리의 목적
9) 무고죄 -타인으로 하여금 형사처분 또는 징계처분을 받게 할 목적
10) 도박개장죄 - 영리의 목적
11) 영리목적 약취 유인죄 - 영리목적
12) 국기 국장모독죄 - 대한민국을 모욕할 목적
13) 준점유강취죄 - 체포면탈목적,
14) 준강도 - 체포면탈목적, 재물탈환항거목적, 죄적인멸목적
15) 음화제조등죄 - 243조의 행위에 공할 목적
cf) 음화반포등죄는 목적범아님

2. 거동범과 결과범

거동범 : 일정한 행위 = 기수(주거침입, 폭행, 위증, 무고, 명예훼손)
(1) 구별실익 - 인과관계 유무 / 미수유무

3. 추상적 위험범과 구체적 위험범

(1) 추상적 위험범

1) 해당범죄
현주건조물 등 방화죄 , 공용건조물 등 방화죄, 타인소유 일반건조물 등 방화죄, 진화방해죄, 일수죄, 통화위조죄, 유가증권위조죄, 강제집행면탈죄, 비밀침해죄

2) 위험의 발생은 구성요건요소가 아니다.
3) 위험에 대한 인식은 고의의 내용이 아니다.

(2) 구체적 위험범

1) 해당범죄

① (자기소유, 타인소유의) 일반물건 등 방화죄, 자기소유 일반건조물 등 방화죄, 과실방화죄, 가스 등 공작물손괴죄, 자기소유 일반건조물 일수죄, 과실일수죄, 내란죄,
② 중유기죄, 중상해죄, 중권리행사방해죄, 중손괴죄
* cf. 중체포감금죄는 아님

2) 위험의 발생은 구성요건요소이다.
3) 구체적 위험에 대한 인식이 있어야만 고의가 성립된다.

4. 즉시범과 계속범

(1) 즉시범
결과발생과 동시에 범행이 종료되는 범죄

(2) 계속범
결과발생시기(기수시기)와 종료시기가 다른 범죄
침해사실이 다소 시간적 계속을 요하는 범죄

166조(일반건조물 등에의 방화) ①불을 놓아 전2조에 기재한 이외의 건조물, 기차, 전차, 자동차, 선박, 항공기 또는 광갱을 소훼한 자는 2년 이상의 유기징역에 처한다.

②자기소유에 속하는 제1항의 물건을 소훼하여 공공의 위험을 발생하게 한 자는 7년 이하의 징역 또는 1천만원 이하의 벌금에 처한다.

제258조(중상해)
①사람의 신체를 상해하여 생명에 대한 위험을 발생하게 한 자는 1년 이상 10년 이하의 징역에 처한다.
②신체의 상해로 인하여 불구 또는 불치나 난치의 질병에 이르게 한 자도 전항의 형과 같다.

(3) 구별실익

1) 공소시효 기산
즉시범 : 결과발생시 = 완료시
계속범 : 완료시 (결과발생시x)

【판례】 (대법원 2004.2.12. 선고 2003도6215 판결)
구 문화재보호법 제81조 제2항에서 **지정문화재 등을 은닉한 자를 처벌하도록 한 규정**은 지정문화재 등임을 알고 그 소재를 불분명하게 함으로써 발견을 곤란 또는 불가능하게 하여 그 효용을 해하는 행위를 처벌하려는 것이므로, 그러한 은닉범행이 계속되는 한 발견을 곤란케 하는 등의 상태는 계속되는 것이어서 공소시효가 진행되지 않는 것으로 보아야 한다.

5. 신분범

(1) 적극적신분범

1) 진정신분범 (구성적 신분)

① 일정한 신분이 있는 자만이 정범이 될 수 있는 범죄

② 해당범죄
ⅰ) 공무원범죄 : 직무유기죄, 불법체포 감금죄, 독직폭행 가혹행위죄, 피의사실공표죄, 공무상비밀누설죄
ⅱ) 도주죄(구금되어 있는 자), 위증죄(선서한 자), 허위진단서작성죄(의사), ~~간통죄(배우자 있는 자)~~, 유기죄(법률상 계약상 의무 있는 자), 횡령죄(타인의 재물을 보관하는 자), 배임죄(타인의 사무를 처리하는 자)
ⅲ) 업무상비밀누설죄(의사,변호사,성직자 등), 업무상과실장물죄, 자기낙태죄(임부)

2) 부진정신분범 (가감적 신분)

① 행위자의 신분이 형의 가중, 감경 요소로 되는 범죄

② 해당범죄

존속살해죄, 영아살해죄, 영아유기죄, 업무상횡령죄(이중적신분), 업무상배임죄(이중적신분-진정신분범과 부진정신분범이 합체), 업무상낙태죄, 업무상과실치사상죄, 상습도박죄 등

(2) 소극적신분범

1) 위법조각적 신분

① 일반인에게 금지된 행위를 특정신분자에게만 허용하는 경우의 신분(불구성적 신분)

② 의료법에 저촉되지 않는 의사신분, 변호사법에 저촉되지 않는 변호사신분

2) 책임조각적 신분

① 특정신분자에게 행위가 구성요건에 해당하고 위법하지만 책임을 조각시키는 신분

② 범인은닉죄, 증거인멸죄에서 친족, 호주, 동거가족의 신분, 14세 미만의 형사미성년자의 신분

3) 형벌조각적 신분

① 범죄자체는 성립하지만 특정신분의 존재로 형벌이 면제되는 신분(처벌조각적 신분)

② 친족상도례(344조,328조)에 있어서의 친족의 신분

6. 自手犯

(1) 의의

1) 구성요건적 행위의 직접적 실행이 전제된 범죄유형

2) 자수범이 인정될 경우에는 간접정범이나 공동정범 및 부작위범이 성립하지 않는다.

(2) 종류

1) 실질적 자수범

① 진정자수범

ⅰ) 신분자 혼자만이 당해 범죄를 저지를 수 있는 범죄
ⅱ) 상습범, 위증죄, 목적범

② 부진정자수범

ⅰ) 신분자는 비신분자를 도구로 하여 간접정범이 될 수 있으나, 비신분자는 신분자 이용하여서 간접정범이 될 수 없고 단지 교사 방조범이 될 수 있다.
ⅱ) **허위진단서작성죄**, 각종 위조죄, 수뢰죄, 도주죄

2) 형식적 자수범

① 법률이 일정한 범죄유형을 간접정범적 형태로 하여 독립된 별개의 구성요건을 규정하여 법률상 간접정범적 범죄형식이 배제되어 있는 경우

② 공정증서원본 등의 부실기재죄 (228조)

제4절 객관적 구성요건요소*

Ⅰ. 행위주체

1. 법인의 범죄능력

(1) 논의 전제

1) 법인에게 범죄능력을 인정하는 문제는 법인의 본질에 관한 논의인 법인실재설 및 법인의제설과 논리 필연적 연관관계가 없다.
2) **범죄능력과 형벌능력은 별개의 문제이다.**

제228조(공정증서원본 등의 불실기재)
①공무원에 대하여 허위신고를 하여 공정증서원본 또는 이와 동일한 전자기록등 특수매체기록에 부실의 사실을 기재 또는 기록하게 한 자는 5년 이하의 징역 또는 1천만원 이하의 벌금에 처한다.
②공무원에 대하여 허위신고를 하여 면허증, 허가증, 등록증 또는 여권에 부실의 사실을 기재하게 한 자는 3년 이하의 징역 또는 700만원 이하의 벌금에 처한다.

객관적 구성요건 요소
Ⅰ. 행위 주체
Ⅱ. 행위 객체, 보호법익
Ⅲ. 인과관계, 객관적귀속

주관적 구성요건 요소
Ⅰ. 고의
Ⅱ. 과실
(초과)주관적 구성요건요소
ⅲ. 목적
ⅳ. 불법영득 의사

(2) 인정여부에 관한 학설대립

1) 범죄능력 부정설

① 자유의사x, 행위x
② 책임주의 위배
③ 자유형과 생명형을 근간으로 하는 현행 형벌체계는 법인에게 x
④ 법인에게는 재산형과 벌금형만 가능하다.
⑤ 법인의 기관에 의한 범죄로 법인이 얻은 재산 또는 이익의 박탈은 형사 정책적 수단에 의해서도 가능하다.

2) 범죄능력 인정설

① 자연인에서와 유사한 행위구조를 인정하고, 법인도 기관을 통하여 의사결정과 실현이 가능하다.
② 법인도 자기의 감독상의 과실이 있으므로 책임주의 원칙에 위배되지 않는다.
③ 자유형과 생명형은 영업정지 및 해산으로 가능하다.
④ 법인은 그 정관목적에 따른 행위를 수행하는 과정에서 범법행위 할 수 있다.
⑤ 작위는 불가능할지라도 부작위는 가능하다.
⑥ 법인의 반사회적 활동도 격증하여 형사정책상 필요가 있다.
⑦ 법인의 기관의 행위는 법인의 행위인 동시에 구성원 개인의 행위라는 양면성을 가지므로 법인의 처벌은 이중처벌이 아니다.

(3) 결론

1) 법인의 범죄능력 - 부정설이 다수설, 판례이다.

【판례】 법인의 범죄능력 (대법원 1984.10.10. 선고 82도2595 전원합의체 판결)

다수의견 : 형법 제355조 제2항의 배임죄에 있어서 타인의 사무를 처리할 의무의 주체가 법인이 되는 경우라도 **법인은 다만 사법상의 의무주체가 될 뿐 범죄능력이 없는 것**이며 그 타인의 사무는 법인을 대표하는 자연인인 대표기관의 의사결정에 따른 대표행위에 의하여 실현될 수 밖에 없어 그 대표기관은 마땅히 법인이 타인에 대하여 부담하고 있는 의무내용 대로 사무를 처리할 임무가 있다 할 것이므로 법인

이 처리할 의무를 지는 타인의 사무에 관하여는 법인이 배임죄의 주체가 될 수 없고 그 법인을 대표하여 사무를 처리하는 **자연인인 대표기관이 바로 타인의 사무를 처리하는 자 즉 배임죄의 주체가 된다.**

소수의견 : 법인은 사법상의 의무주체가 될 뿐 범죄능력이 없다고 하나 바로 이 사법상의 의무주체가 배임죄의 주체가 되는 것이므로 이것을 떠나서 배임죄는 성립할 수 없다할 것이고 법인의 대표기관은 법인이 타인에 대하여 부담하고 있는 의무내용대로 사무를 처리할 임무가 있다는 그 임무는 법인에 대하여 부담하는 임무이지 법인의 대표기관이 직접 타인에 대하여 지고 있는 임무는 아니므로 그 임무에 위배하였다 하여 이를 타인에 대한 배임죄가 성립한다고 할 수 없다.

2) 양벌규정에서의 **법인의 수형능력** 인정여부

법인의 **범죄능력**에 대해서는 부정하는 것이 다수설 및 판례이지만, 양벌규정의 경우 법인에 **수형능력(형벌능력)**이 있는가에 대해서는 긍정설이 다수설, 판례이다.

【판례】 법인의 형벌능력 (대법원 1994.2.8. 선고 93도1483 판결)

법인은 기관인 자연인을 통하여 행위를 하게 되는 것이기 때문에, **자연인이 법인의 기관으로서 범죄행위를 한 경우**에도 행위자인 자연인이 범죄행위에 대한 형사책임을 지는 것이고, 다만 **법률이 목적을 달성하기 위하여 특별히 규정하고 있는 경우에만** 행위자를 벌하는 외에 법률효과가 귀속되는 법인에 대하여도 벌금형을 과할 수 있을 뿐이다.

2)-1 양벌규정에 의한 **법인의 처벌근거**

① 학설

처벌근거에 대해서는 무과실책임에서 찾는다는 견해(무과실책임설)와 법인의 과실책임을 인정하는 견해(과실책임설)가 있다.

② 판례

【판례】 '무과실책임설'을 취한 도로교통법 위반 사건 (대법원 1982.9.14. 선고 82도1439 판결)

도로교통법 제81조의 양벌규정은 도로교통법에 위반하는 행위자 외에 그 행위자와 위 법 소정의 관계에 있는 고용자등을 아울러 처벌하는 이른바 질서벌의 성질을 갖는 규정이므로 비록 행위자에 대한 감독책임을 다하였다거나 또는 행위자의 위반사실을 몰랐다고 하더라도 이의 적용이 배제된다고 할 수 없다.

양벌규정에 의해 법인의 형사처벌은 가능하지만, 신분요소를 갖지 않는 실제 행위자에게까지 수범자의 범위를 확대할 것인가?
판례는 "양벌규정은 업무주가 아니면서 당해 업무를 실제 집행하는 자가 있는 때에는 양벌규정의 실효성을 확보하기 위하여" 당해 업무를 실제로 집행하는 자에게까지 확장하여 처벌하는 것에 있다고 한다. (2017도11564)

【판례】 '과실책임설'을 취한 미성년자보호법 위반 사건 (대법원 1987.11.10. 선고 87도1213 판결)

미성년자보호법의 양벌규정에 의한 영업주의 처벌은 금지위반행위자인 종업원의 처벌에 종속하는 것이 아니라 독립하여 그 자신의 종업원에 대한 선임감독상의 과실로 인하여 처벌되는 것이므로 영업주의 위 과실책임을 묻는 경우 금지위반행위자인 종업원에게 구성요건상의 자격이 없다고 하더라도 영업주의 범죄성립에는 아무런 지장이 없다.

다만, **헌법재판소**는 "행정형벌법규에서 양벌규정으로 사업주인 법인 또는 개인을 처벌하는 것은 위반행위를 한 피용자에 대한 선임, 감독의 책임을 물음으로써 행정규제의 목적을 달성하려는 것이다"라고 판시한 바 있다. (과실책임설의 표현)

【판례】 '과실책임설'을 취한 도로법 제83조 제2호 등의 헌법소원 (헌재 2000.6.1. 99헌바73)

과적차량을 운행한 자나 그 운행을 지시·요구한 자를 처벌하는 것은 직접 위반행위를 한 자를 처벌하는 것이고, 행정형벌법규에서 **양벌규정으로 사업주인 법인 또는 개인을 처벌하는 것은 위반행위를 한 피용자에 대한 선임 감독의 책임을 물음으로써 행정규제의 목적을 달성하려는 것**이므로 형벌체계상 합리적인 근거가 있다고 할 것이나, 과적차량의 운행을 지시·요구하지도 않고 과적차량을 운행한 자에 대한 선임감독의 책임도 없는 화주 등을 과적차량을 운행한 자와 양벌규정으로 처벌하는 것은 형법상 책임주의의 원칙에 반하므로, 이 사건 법률조항이 과적차량을 운행하는 자와 화주 등을 양벌규정으로 처벌하지 않고 화주 등은 과적차량의 운행을 지시·요구한 때에만 처벌하도록 규정한 데에는 합리적인 이유가 있는 것으로 평등의 원칙에 위반된 것이라고 볼 수 없다.

(4) 위헌결정이 된 양벌규정

【판례】 청소년보호법 제54조 위헌제청 (헌재 2009.7.30. 2008헌가10)

영업주가 고용한 종업원 등이 그 업무와 관련하여 위반행위를 한 경우에, 그와 같은 종업원 등의 범죄행위에 대해 영업주가 비난받을 만한 행위가 있었는지 여부와는 전혀 관계없이 **종업원 등의 범죄행위가 있으면 자동적으로 영업주도 처벌하도록 규정하고 있는 이사건 법률조항은** 아무런 비난받을 만한 행위를 한 바 없는 자에 대해서까지, 다른 사람의 범죄행위를 이유로 처벌하는 것으로서 형벌에 관한 책임주의에 반하므로 헌법에 위반된다.

Ⅱ. 행위객체와 보호법익

1. 행위객체는 보호되는 법익과는 구별된다.

2. 구성요건 중에는 **행위객체**가 없는 범죄도 있다.

ex) 다중불해산죄(116조), 단순도주죄(145조1항), 퇴거불응죄(319조2항), 소요죄, 위증죄, 공연음란죄, 도박죄, 무고죄 등

그러나 **보호법익**이 없는 범죄는 있을 수 없다.

3. **행위의 객체**는 고의의 인식대상(객관적구성요건요소)이지만,
보호법익은 고의의 인식대상이 아니다.
보호법익은 행위객체와는 달리 객관적 구성요건요소가 아니기 때문이다.

Ⅲ. 인과관계와 객관적 귀속

1. 인과관계

(1) 의의

인과관계의 문제는

1) 발생된 결과를 행위자에게 그의 행위로 귀속시키기 위하여 행위와 결과 사이에 어떠한 연관이 있어야 하느냐의 문제

2) 결과의 발생을 필요로 하는 **결과범**에서만 문제되는 것
형식범 내지 거동범에서는 별다른 문제없다.

(2) 인과관계에 관한 학설

1) 조건설 (등가설)

조건설은 만일 행위(조건)가 없었더라면 그러한 결과도 없었으리라고

[*] 결과범 - 구성요건이 결과의 발생을 요건으로 하고 있는 범죄
[*] 형식범, 거동범 - 구성요건의 내용이 결과의 발생을 요하지 않고, 법에 규정된 행위를 함으로써 충족되는 범죄 ex) 주거침입죄, 무고죄, 위증죄

생각되는 경우(가설적 소거절차라고 함)에 그러한 모든 조건을 결과 발생의 원인으로 본다.
conditio sine qua non 공식이라 한다.

2) 조건설의 제한이론

① 합법칙적 조건설 (통설의 입장)

ⅰ) 조건설과 마찬가지로 가설적 소거절차를 거쳐 인과성을 판단하나, 합법칙적 제한을 가함. 별도의 객관적 귀속 판단이 필요하다는 점에서는 엄격한 조건설과 같다.

ⅱ) "행위와 결과 사이에 합법칙적 연관이 있느냐... 즉 행위가 우리의 경험법칙에 따른 인과법칙으로 그 결과가 발생했겠는가 하는 문제"라고 인과관계를 정의한다.

② 상당인과관계설 (판례의 입장)

ⅰ) "결과를 발생시기는 것이 경험칙상 상당한 조건만이 원인이 되고, 상당한 책임의 기초가 된다"는 이론

ⅱ) 종류

a. 주관적 상당인과관계설
b. 객관적 상당인과관계설
c. 절충적 상당인과관계설(행위자뿐만이 아니라 일반인 특히 그 중에서도 가장 우수한 자가 인식할 수 있었던 사정을 기초로 하여 판단)

ⅲ) 객관적 귀속판단을 포함한 인과관계 개념. 따라서 별도의 객관적 귀속논의는 할 필요가 없음

2. 객관적귀속론

(1) 의의

1) "인과관계가 인정되는 결과를 행위자의 행위에 객관적으로 귀속시킬 수 있는가를 확정하는 이론"

2) 규범적, 법적 문제 cf. 존재론적, 사실관계의 문제

(2) 객관적 귀속의 기준을 어떻게 확정할 것인가 **

회피가능성의 이론과 위험실현의 이론이 주장된다.

1) **회피가능성(지배가능성)의 이론**
결과에 대한 지배가능성, 회피가능성이 있을 때 객관적으로 귀속된다.
2) **위험창출 또는 위험증대의 이론**
행위의 객체에 대하여 법적으로 허용될 수 없는 위험을 증가시킨 때에만 객관적 귀속 가능하고, 이에 반하여 법익에 대한 위험을 야기하지 않거나 허용되는 위험만을 야기할 때에는 결과귀속을 인정할 수 없다.
3) **규범의 보호목적 이론**
규범을 위반하여 창출·증대된 위험이 실현되어 결과가 발생하였더라도 발생한 결과가 구성요건의 범위나 규범의 보호범위에 포함되지 않은 경우에는 그 결과를 규범위반행위에 귀속시킬 수 없다.

(3) 구체적 기준

1) **위험의 창출 또는 증가시킨 경우 - 귀속 가능**
① 구성요건적 결과의 객관적 지배(조종)가능성의 원칙
② 위험감소의 원칙 (머리 위로 철근이 떨어지는 순간 타인을 밀쳐 어깨에 맞게 한 경우) → 객관적 귀속 인정되지 않음
③ 허용된 위험이론 (지하철에서 발을 밟은 경우) → 객관적 귀속 인정되지 않음
④ **위험증대이론** - 위험증대설을 고수하는 경우에는 **합법칙적 대체행위이론**의 결과와 상충하게 된다.
즉 위험증대설은 "의심스러운 때에는 피고인의 이익으로 (in

* 다음의 개념 구별

피고인
피의자
피고

dubio pro reo)"의 법리를 제한하며, 침해범을 **구체적 위험범**으로 변질시킬 위험이 있다는 비판에 직면하게 된다.

2) 위험의 실현

① 객관적 예견가능성 (위험의 상당한 실현의 원칙)

i) (위험의 실현에 대하여 객관적으로 예견 가능한 경우) 객관적 귀속인정

ii) 저격하였으나 부상을 입고 ⓐ 병원으로 가던 중 사망한 경우, 또는 ⓑ 병원에서 화재로 사망한 경우에는 객관적 귀속 부정

② 규범의 보호범위(목적관련성)이론

i) 규범의 보호 범위내 → 객관적 귀속 인정됨.
규범의 보호 범위외 → 객관적 귀속 X

ii) 사례 a. 갑이 교통사고로 을에게 상처를 입혔는데 을이 수혈을 거부하여 사망한 경우
b. 갑과 을이 오토바이 경주를 하다가 사망한 경우
c. 물에 빠진 갑을 구조하다가 을이 사망한 경우

→ 위 경우 모두 객관적 귀속이 되지 않음

③ 주의의무위반관련성 (합법적 대체행위 이론)

주의의무를 다하였으도 같은 결과가 발생하였을 것으로 인정된 때에는 객관적 귀속이 되지 않음

3. 판례 - 상당인과관계 인정여부

(1) 인정된 경우

【판례】(대법원 1979.10.10. 선고 79도2040 판결)
피해자가 평소 병약한 상태에 있었고 피고인의 폭행으로 그가 사망함에 있어서 지병이 또한 사망 결과에 영향을 주었다고 하여 폭행과 사망 간에 인과관계가 없다고 할 수 없다.

【판례】(대법원 1972.3.28. 선고 72도296 판결)
피고인의 강타로 인하여 임신 7개월의 피해자가 지상에 넘어져서 4일후에 낙태하고 위 낙태로 유발된 심근경색증으로 죽음에 이르게 된 경우 피고인의 구타행위와 피해자의 사망 간에는 인과관계가 있다.

【판례】(대법원 1998.5.8. 선고 97다54482 판결)
음주운전으로 적발된 주취운전자가 도로 밖으로 차량을 이동하겠다며 단속경찰관으로부터 보관 중이던 차량열쇠를 반환받아 몰래 차량을 운전하여 가던 중 사고를 일으킨 경우... 주취운전을 방치한 단속경찰관의

위법행위와 이 사건 사고로 인한 손해발생 사이에는 상당인과관계가 있다.

【판례】 (대법원 2012.3.15. 선고 2011도17117 판결)
택시 운전자인 피고인이 교통신호를 위반하여 4거리 교차로를 진행한 과실로 교차로 내에서 갑이 운전하는 승용차와 충돌하여 갑 등으로 하여금 상해를 입게 하였다고 하여 교통사고처리 특례법 위반으로 기소된 사안에서...피고인이 적색 등화에 따라 정지선 직전에 정지하였더라면 교통사고는 발생하지 않았을 것임이 분명하여 피고인의 신호위반행위가 교통사고 발생의 직접적인 원인이 되었다고 보아야 하는데도, 이와 달리 보아 공소를 기각한 원심판결에 신호위반과 교통사고의 인과관계에 관한 법리오해의 위법이 있다고 한 사례.

(2) 부정된 경우

【판례】 (대법원 1978.11.28. 선고 78도1961 판결)
고등학교 교사가 제자의 잘못을 징계코자 **왼쪽 뺨**을 **때려 뒤로 넘어지면서 사망에 이르게 한 경우** 위 피해자는 두께0.5미리밖에 안 되는 **비정상적인 얇은 두개골**이었고 또 **뇌수종을 가진 심신허약자**로서 좌측뺨을 때리자 급성뇌성압상승으로 넘어지게 된 것이라면 위 소위와 피해자의 사망 간에는 이른바 인과관계가 없는 경우에 해당한다.

【판례】 (대법원 1995.9.29. 선고 94도2187 판결)
"앞으로 수박이 없어지면 네 책임으로 한다"고 말하였는데 그 후 피해자가 스스로 음독자살한 경우, 이는 피해자가 자신의 결백을 밝히려는 데 그 동기가 있었던 것으로 보일 뿐 그것이 피고인의 협박으로 인한 결과라고 보기도 어렵다.

【판례】 (대법원 1971.9.28. 선고 71도1082판결)
운전사가 발동을 끄고 시동열쇠는 꽂아 둔 채로 하차한 동안에 조수가 이를 운전하다가 사고를 낸 경우에 시동열쇠를 그대로 꽂아 둔 행위와 본건 상해의 결과발생 사이에는 특별한 사정이 없는 한 인과관계가 없다.

【비교판례】 (대법원 1986.7.8. 선고 86도1048 판결)
운전자가 차를 세워 시동을 끄고 1단 기어가 들어가 있는 상태에서 **시동열쇠를 끼워놓은 채 11세 남짓한 어린이를 조수석에 남겨두고 차에서 내려온 동안 동인이 시동열쇠를 돌리며 악셀러레이터 페달을 밟아 차량이 진행하여 사고가 발생한 경우**... 업무상 주의의무를 게을리 한 과실은 사고 결과와 법률상의 인과관계가 있다.

【판례】 (대법원 1982.11.23. 선고 82도1446 판결)
강간을 당한 피해자가 집에 돌아가 음독자살하기에 이르른 원인이 강간을 당함으로 인하여 생긴 수치심과 장래에 대한 절망감 등에 있었다 하더라도 그 자살행위가 바로 강간행위로 인하여 생긴 당연의 결과라고 볼 수는 없으므로 강간행위와 피해자의 자살행위 사이에 인과관계를 인정할 수는 없다.

【비교판례】 (대법원 1995.5.12. 선고 95도425 판결)
피고인이 자신이 경영하는 속셈학원의 강사로 피해자를 채용하고 학습 교재를 설명하겠다는 구실로 유인하여 호텔 객실에 감금한 후 강간하려 하자, 피해자가 완강히 반항하던 중 피고인이 대실시간 연장을 위해 전화하는 사이에 객실 창문을 통해 탈출하려다가 지상에 추락하여 사망한 사안에서, 피고인의 강간미수행위와 피해자의 사망과의 사이에 상당인과 관계가 있다.

4. 형법 제17조 해석

제17조(인과관계) "어떤 행위라도 죄의 요소되는 위험발생에 연결되지 아니한 때에는 그 결과로 인하여 벌하지 아니한다."

5. 결어

인과관계의 확정은 **합법칙적 조건설**에 의하여 결정하고 그 중요성은 **객관적 귀속이론**으로 수행하는 것이 타당하다.

인과관계에 대한 설명 중 옳은 것을 모두 고른 것은?

㉠ 피고인이 고속도로 2차로를 따라 자동차를 운전하다가 1차로를 진행하던 甲의 차량 앞에 급하게 끼어든 후 곧바로 정차하여, 甲의 차량 및 이를 뒤따르던 차량 두 대는 연이어 급정차하였으나, 그 뒤를 따라오던 乙의 차량이 앞의 차량들을 연쇄적으로 추돌케 하여 乙을 사망에 이르게 하고 나머지 차량 운전자 등 피해자들에게 상해를 입힌 경우, 피고인의 정차 행위와 피해자 사상의 결과 발생 사이에 상당인과관계가 있다.(O)

㉡ 한의사인 피고인이 피해자에게 문진하여 과거 봉침(蜂針)을 맞고도 별다른 이상반응이 없었다는 답변을 듣고 알레르기 반응검사를 생략한 채 환부에 봉침시술을 하였는데, 피해자가 위 시술 직후 쇼크 반응을 나타내는 등 상해를 입은 경우, 피고인이 알레르기 반응 검사를 하지 않은 과실과 피해자의 상해 사이에 상당인과관계를 인정하기 어렵다.(O)

㉢ 피고인은 결혼을 전제로 교제하던 甲의 임신 사실을 알고 수회에 걸쳐 낙태를 권유하였다가 거절당하였음에도 계속 甲에게 출산 여부는 알아서 하되 아이에 대한 친권을 행사할 의사가 없다고 하면서 낙태할 병원을 물색해 주기도 하였는데, 그 후 甲은 피고인에게 알리지 않고 자신이 알아본 병원에서 낙태시술을 받은 경우, 피고인의 낙태 교사행위와 甲의 낙태행위 사이에는 인과관계가 인정되지 않는다.(X)

㉣ 의사인 피고인이 제왕절개수술 후 대량출혈이 있었던 피해자를 전원(轉院) 조치하였으나 전원받는 병원 의료진에게 피해자가 고혈압환자이고 제왕절개수술 후 대량출혈이 있었던 사정을 설명하지 않아 전원받는 병원 의료진의 조치가 다소 미흡하여 도착 후 약 1시간 20분이 지나 수혈이 시작된 경우, 피고인의 전원지체 등의 과실로 신속한 수혈 등의 조치가 지연된 이상 피해자의 사망과 피고인의 과실 사이에 인과관계가 인정된다.(O)

㉤ 피고인이 자동차를 운전하다 횡단보도를 걷던 보행자 甲을 들이받아 그 충격으로 횡단보도 밖에서 甲과 동행하던 피해자 乙이 밀려 넘어져 상해를 입은 경우, 피고인의 구 「도로교통법」 제27조 제1항에 따른 주의의무를 위반하여 운전한 업무상 과실과 乙의 상해 사이에는 인과관계가 인정될 수 없다.(X)

제5절 주관적 구성요건 (고의, 과실)

Ⅰ. 고의

1. 13조

죄의 성립요소인 사실은 인식하지 못한 행위는 벌하지 아니한다. 단, 법률에 특별한 규정이 있는 경우에는 예외로 한다.

2. 고의의 체계적 지위

(1) 책임요소설

1) 인과적 행위론 - ① 행위는 의사에 의하여 외부세계에 의하여 야기된 순수한 인과과정
② 의욕된 신체활동, 의욕된 작위 또는 부작위, 의사에 의한 신체적 동작 또는 태도

2) 고의는 모든 주관적 범죄요소와 함께 책임요소 또는 책임형식에 지나지 않았다.

(2) 구성요건요소설

1) 목적적행위론 - 고의는 단순한 책임조건이 아니라, 주관적 구성요건 요소를 이룬다.

2) 사회적행위론 - 행위란 의사에 의하여 지배되는 법적·사회적 의미의 통일체 (사회적행위론에서도 고의는 주관적 구성요건 요소를 이룬다).

(3) 고의의 이중기능

고의는 '주관적 구성요건 요소'와 '책임조건'으로서의 이중의 기능을 가진다.

Ⅱ. 고의의 내용과 인식대상

1. 고의의 내용

(1) 객관적 구성요건을 인식하는 것이 고의의 성립요건이다.
(2) 객관적 구성요건이 아닌 것은 고의의 인식대상이 아님을 주의하여야 한다.
(3) 결과범에서의 인과관계는 문외한으로서의 소박한 인식으로 족하며, 구체적 전문가적인 인식은 필요하지 않다.

2. 고의의 인식대상*

(1) 주체, 객체, 방법, 결과, 행위정황
(2) 구체적 위험범에서의 위험
(3) 가중적·감경적 구성요건요소(존속살인죄의 존속, 영아살해죄의 영아)
(4) 규범적 구성요건요소
(5) 부진정결과적가중범의 중한 결과

부진정결과적가중범: 고의의 기본범죄를 통하여 고의로 중한 결과를 발생하게 한 경우에 가중 처벌되는 범죄.

【판례】(대법원 1989.1.17. 선고 88도971 판결)
피고인이 고물행상인으로서 새벽에 청소부들이 쓰레기를 수거하기 전에 고물을 수집하기 위하여 다니는데 이 사건 두부상자는 쓰레기통옆에 놓여있고 그 위에 쓰레기로 보이는 신문지등이 덮여 있어서 버린 것으로 알고 그 종이와 상자를 피고인의 리어카에 싣고 간 경우, 절도의 범의는 타인의 점유하에 있는 타인 소유물을 그 의사에 반하여 자기 또는 제3자의 점유하에 이전하는 데에 대한 인식을 말하므로, 타인이 그 소유권을 포기하고 버린 물건으로 오인하여 이를 취득하였다면 이와 같이 오인하는 데에 정당한 이유가 인정되는 한 절도의 범의를 인정하기 어렵다고 할 것이다.

【판례】(대법원 1983.9.13. 선고 83도1762 판결)
피고인이 평상 밑에 있는 고양이를 그날 피고인이 다른데서 빌려가지고 있다가 잃어버린 고양이인 줄로 잘못 알고 런닝샤쓰안에 집어넣고 가져가다가 주인이 자기것이라고 하여 돌려준 경우, 절도죄에 있어서 재물의 타인성을 오신하여 그 재물이 자기에게 취득(빌린 것)할 것이 허용된 동일한 물건으로 오인하고 가져온 경우에는 범죄사실에 대한 인식이 있다고 할 수 없으므로 범의가 조각되어 절도죄가 성립하지 아니한다.

3. 고의의 인식대상이 아닌 것*

(1) 주관적 구성요건요소인 고의, 과실
(2) 객관적 처벌조건인 사전수뢰죄에 있어서의 공무원 또는 중재인이 된 사실
(3) 인적처벌조각사유인 친족상도례에서의 친족인 신분
(4) 소추조건인 친고죄에서의 고소, 반의사불벌죄에서 피해자의 처벌의사
(5) 책임요소인 책임능력과 기대가능성
(6) 추상적 위험범의 위험
(7) 상습성
(8) 형벌법규
(9) 행위의 가벌성
(10) 결과적가중범의 중한 결과는 인식의 필요는 없고,
예견가능성(과실)으로도 족함

Ⅲ. 고의의 본질

1. 의사설

고의란 구성요건을 실현하려는 의사 (의지적 요소)

2. 인식설

고의란 구성요건 내용에 대한 표상 또는 인식만 있으면 고의가 있는 것 (지적 요소)

3. 결어

고의는 지적요소와 의지적 요소의 통합
"구성요건 실현의 인식과 의사"라고 정의

Ⅳ. 고의의 종류

1. 확정적 고의 - 구성요건적 결과의 실현을 행위자가 인식하였거나 확실히 예견한 때 (직접적 고의)

2. 불확정적 고의 - 미필적 고의, 택일적 고의, 개괄적 고의

(1) 미필적 고의

불확정적 고의 중 특히 결과 발생 자체가 불확실한 경우 (조건부 고의)

(2) 미필적 고의와 인식 있는 과실의 구별

1) 개연성설

2) 가능성설

3) 용인설 (통, 판례) - 미필적 고의란 결과발생의 가능성에 대한 인식이 있음은 물론 나아가 결과발생을 용인하려는 내심의 의사가 있음을 요한다.

4) 감수설 등

【판례】(대법원 2004.5.14. 선고 2004도74 판결)

범죄구성요건의 주관적 요소로서 미필적 고의라 함은 범죄사실의 발생 가능성을 불확실한 것으로 표상하면서 이를 용인하고 있는 경우를 말하고, 미필적 고의가 있었다고 하려면 범죄사실의 발생 가능성에 대한 인식이 있음은 물론 나아가 범죄사실이 발생할 위험을 용인하는 내심의 의사가 있어야 한다.

Ⅴ. 개괄적 고의

1. 의의

(1) 예상했던 인과과정과 현실적인 인과과정이 일치하지 않은 경우

(2) "갑은 을을 죽이려고 목을 졸랐지만, 을은 기절하였다. 이를 죽은 줄 알았던 갑은 을을 땅에 파묻었다. 결국 을은 땅에 파묻혀 질식사한 경우"

(3) 이를 **인과관계의 착오이론**으로 해결하는 견해도 있지만, **개괄적 고의**의 독자성을 인정하여 문제를 해결하려는 입장이 있다. 두 견해 모두 결론에 있어서는 고의를 인정한다는 점에서는 차이가 없다.

2. 법적 취급

(1) 문제의 소재

개괄적 고의의 문제는 "발생한 결과에 대해 고의기수의 형사책임을 인정할 것인가 아니면 두 번째의 행위에는 고의가 없었으므로 처음의 행위에는 미수를 인정하고 발생한 결과에 대해서는 과실범의 성립을 인정할 것인가"의 문제이다.

(2) 학설

개괄적 고의를 인정하여 해결하려는 입장. 행위의 전 과정이 일원적인 범죄의사의 연속으로 인정되는 경우 고의 기수를 인정한다.

의도한 제1행위는 미수를 인정하고, 의도하지 않은 제2행위는 발생한 결과에 대한 과실범을 인정하여 양죄의 실체적 경합을 인정하는 견해

인과관계의 착오가 경미한 비본질적인 것이라면 고의는 조각되지 아니한다.

1) 계획실현설(판례)

2) 미수범설

3) 인과관계의 착오로 보는 입장

4) 객관적 귀속설 : 객관적 귀속이 불가능한 경우에는 미수범의 성립을 인정한다.

5) 방법의 착오로 해결하려는 입장 : 법정적부합설-살인기수,
구체적부합설-살인미수

【판례】(대법원 1988.6.28. 88도650판결)
피해자가 피고인들의 살해의 의도로 행한 구타행위에 의하여 직접 사망한 것이 아니라 죄적을 인멸할 목적으로 행한 매장행위에 의하여 사망하게 되었다 하더라도, 전과정을 개괄적으로 보면 피해자의 살해라는 처음에 예견된 사실이 결국은 실현된 것으로서 피고인들은 살인죄의 죄책을 면할 수 없다.

제6절 구성요건의 착오(사실의 착오)

Ⅰ. 구성요건의 착오의 개념과 형법규정

1. 개념

(1) 구성요건 착오란 행위자가 주관적으로 **인식**하고 실현하려는 범죄사실과 실제로 **발생**한 범죄사실이 일치하지 않는 경우를 말한다.

(2) 행위자가 인식한 사실도 범죄구성요건에 해당하는 사실이어야 하고, 실제 발생한 사실도 범죄구성요건에 해당하는 사실이어야 구성요건 착오가 된다.

(3) 구별

1) 법률의 착오 (16조)

① 자기의 행위가 법령에 의하여 죄가 되지 아니하는 것으로 오인한 행위는 그 오인에 정당한 이유가 있는 때에 한하여 벌하지 아니한다. (금지의 착오, 위법성의 착오)

② 행위가 법적으로 허용되지 않는 점에 대한 착오. 법률의 착오는 단순한 법률의 부지를 말하는 것은 아니다.

2) 위법성조각사유의 전제사실의 착오

① 행위자가 그 요건이 존재하면 위법성이 조각되는 상황이 존재한다고 오인한 경우 (허용구성요건의 착오)

② 오상방위, 오상피난, 오상자구행위

③ 정당방위상황에 관하여 착오 *

을이 갑을 시험하기 위하여 장난감권총으로 돈을 내라고 위협하였는데 갑은 생명의 위험을 느끼고 을을 사살한 경우

→ "위법성 조각되지 않는다" 제한적 책임설의 입장

⇒ 고의를 조각하는 것은 아니지만 법적효과에 있어서는 사실의 착오와 같이 취급

제15조(사실의 착오) ①특별히 중한 죄가 되는 사실을 인식하지 못한 행위는 중한 죄로 벌하지 아니한다.
②결과로 인하여 형이 중할 죄에 있어서 그 결과의 발생을 예견할 수 없었을 때에는 중한 죄로 벌하지 아니한다.

제16조(법률의 착오) 자기의 행위가 법령에 의하여 죄가 되지 아니하는 것으로 오인한 행위는 그 오인에 정당한 이유가 있는 때에 한하여 벌하지 아니한다.

2. 형법규정

(1) 일반적 규정은 없으나, 형법 제15조 1항은 "특별히 중한 죄가 되는 사실을 인식하지 못한 행위는 중한 죄로 벌하지 아니한다."라고 규정

(2) 이는 가중적 구성요건에 대한 착오가 있으면 가중적 구성요건으로 벌하지 않고 기본적 구성요건으로 벌한다는 취지에 불과하여 충분하지는 않다.

(3) 제15조 1항의 적용되는 경우
존속임을 모르고 보통살인의 고의로 존속을 살해한 경우
⇒ 보통살인죄에 해당한다.

상상적 경합:
1개의 행위를 통하여 수개의 형벌법규 또는 동일한 형벌법규를 수차 침해하는 경우 수 개의 죄 중에서 가장 중한 형으로 처벌된다(제40조)

[*] 이와 반대로, 존속살인의 고의로 보통살인을 한 경우
⇒ 존속살인죄 불능미수와 보통살인죄 기수의 **상상적 경합**

Ⅱ. 구성요건적 착오의 효과

1. 학설의 대립

행위자의 인식과 발생한 사실이

(1) **구체적부합설** : 구체적으로 부합하는 경우에 한하여 발생 사실에 대한 고의 인정
(2) **법정적부합설** : 법정적 사실의 범위, 즉 동일한 구성요건 또는 죄질에 속하면 고의 인정
(3) **추상적부합설** : 추상적으로 일치하는 한도에서 고의 기수범 처벌, 다만 제15조 1항에 의하여 인식사실이 발생사실보다 경한 때 중한 죄의 고의범 기수로 논할 수 없다.

2. 구성요건적 착오의 유형

(1) **구체적 사실의 착오** - 인식사실과 발생결과가 구성요건상으로 동가치인 때.
ex) 갑이라고 생각하고 사살했는데, 을이 사망한 경우
(살인죄라는 구성요건상 동가치)

1) 객체의 착오(목적의 착오) - 갑이**라고 생각하고** 을을 사살한 경우

2) 방법의 착오(타격의 착오) - 갑에게 쏘았는데 **빗나가서** 옆에 있던 을에게 명중한 경우

(2) 추상적 사실의 착오 - 인식사실과 발생결과가 서로 다른 구성요건에 속하는 경우. ex) 개라고 생각하고 사살했는데, 사람이 사망 (구성요건상 다른 가치)

1) 객체의 착오(목적의 착오) - 갑이라고 **생각하고** 개를 사살한 경우

2) 방법의 착오(타격의 착오) - 갑에게 쏘았는데 빗나가서 갑의 개에게 명중한 경우

***** 도 표 *****

<table>
<tr><th>구분</th><th>종류</th><th>구체적 부합설</th><th>법정적 부합설 (통설·판례)</th><th>추상적 부합설</th></tr>
<tr><td rowspan="2">구체적 사실의 착오</td><td>객체의 착오</td><td>착오X
(발생사실에 대한 고의 기수 인정)</td><td rowspan="2">착오X
(발생사실에 대한 고의기수 인정)</td><td rowspan="2">착오X
(발생사실에 대한 고의 기수 인정)</td></tr>
<tr><td>방법의 착오</td><td>착오○
(인식사실에 대한 미수와 발생사실에 대한 과실의 상상적 경합)</td></tr>
<tr><td rowspan="2">추상적 사실의 착오</td><td>객체의 착오</td><td rowspan="2">착오○
(인식사실에 대한 미수와 발생사실에 대한 과실의 상상적 경합)</td><td rowspan="2">착오○
(인식사실에 대한 미수와 빌생사실에 대한 과실의 상상적 경합)</td><td rowspan="2">경한 고의로 중한 결과 발생한 경우
⇒ 경죄 기수와 중죄 과실의 상상적 경합

중한 고의로 경한 결과 발생한 경우
⇒ 중죄 미수와 경죄 기수의 상상적 경합</td></tr>
<tr><td>방법의 착오</td></tr>
</table>

사례	구체적부합설	법정적 부합설
A에 대한 고의로 A도 사망하고 옆에 있던 B도 사망한 경우	A에 대한 살인죄와 B에 대한 과실치사죄의 상상적 경합	구체적 부합설과 동일
A에 대한 고의로 A도 사망하고 옆에 있던 B도 상해한 경우	A에 대한 살인죄와 B에 대한 과실치상죄의 상상적 경합	구체적 부합설과 동일
A에 대한 고의로 A도 상해를 입히고 옆에 있던 B는 사망케 경우	A에 대한 살인미수죄와 B에 대한 과실치사죄의 상상적 경합	㉠ A에 대한 살인 미수죄와 B에 대한 살인 기수죄의 상상적 경합이 된다는 견해 ㉡ A에 대한 과실치상죄와 B에 대한 살인기수죄의 상상적 경합이 된다는 견해 ㉢ A에 대한 살인 미수죄와 B에 대한 과실치상죄의 상상적 경합이 된다는 견해 ㉣ B에 대한 살인기수죄만 성립한다는 견해 등이 대립

3. 사례 *

(1) 갑은 을을 살해할 목적으로 총을 발사하였는데, 이를 제지하던 갑의 아들 병이 총에 맞아 사망하는 경우 *

구체적부합설에 의할 때 → 을에 대한 살인미수죄와 병에 대한 과실치사죄의 상상적 경합 (설문과 같이 구체적 사실의 착오중 방법의 착오의 경우)

(2) A를 향해 발사된 총알이 빗나가서 옆에 있던 B가 사망한 경우*

구체적 부합설에 의할 때 → 살인미수죄와 과실치사죄의 상상적 경합

법정적 부합설에 의할 때 → A에 대한 살인고의를 B에게 전용하게 되므로 B에 대한 살인죄가 성립한다.

(3) 구체적 부합설과 법정적 부합설 어느 학설에 의하더라도 동일한 결과에 이르는 사례 *

⇒ **구체적 사실의 착오 중 방법의 착오**는 다르지만, 나머지 착오유형은 동일한 결과에 이른다.

(4) A에 대한 고의로 A도 사망하고, 옆에 있던 B도 사망한 경우 *

구체적 부합설 → A에 대한 살인죄와 B에 대한 과실치사죄 상상적경합
법정적 부합설 → 동일

(5) A에 대한 고의로 A도 사망하고 옆에 있던 B도 상해한 경우 *

구체적 부합설 → A에 대한 살인죄와 B에 대한 과실치상죄 상상적 경합
법정적 부합설 → 동일

(6) A에 대한 살인고의로 A는 상해를 입히고, 옆에 있던 B는 사망케 한 경우

구체적 부합설 → A살인미수죄, B과실치사죄 상상적경합
법정적 부합설 → 1. 살인미수죄, 살인기수죄 상상적경합설
2. 과실치상죄, 살인기수죄 상상적경합설
3. 살인미수죄, 과실치사죄 상상적경합설
4. B에 대한 살인기수죄만 성립한다는 견해 대립

사실의 착오에 대한 설명으로 가장 적절하지 **<u>않은</u>** 것은?

① 甲이 상해의 고의로 乙을 향해 돌을 던졌으나 빗나가서 옆에 있던 丙이 맞은 경우, 법정적 부합설에 따르면 丙에 대한 상해기수죄가 성립한다.(O)

② 甲이 乙을 살해할 의사로 乙의 물병에 독약을 탔으나 乙의 개가 이 물을 마시고 죽은 경우 구체적 부합설에 따르면 살인미수죄와 손괴죄의 상상적 경합이 성립한다.(X)

③ 甲이 丙을 乙로 오인하고 살해하려고 총을 쏘아 丙이 사망한 경우에 구체적 부합설과 법정적 부합설의 결론은 동일하다.(O)

④ 甲이 손괴의 고의로 乙의 집 창문을 향해 돌을 던졌는데 빗나가서 옆에 있던 丙에게 상해를 입힌 경우 구체적 부합설에 따르면 손괴미수죄와 과실치상죄의 상상적 경합이 성립한다.(O)

사례 1)
甲과 乙은 각각 丙을 살해하기로 결의하고 서로 의사연락 없이 丙이 마실 커피에 독약을 넣었다. 丙은 그 커피를 마시고 사망하였다. 다음의 경우에 갑과 을의 죄책은 어떠한가.
1) 갑과 을이 탄 독약이 모두 단독으로 치사량이 되는 경우
2) 갑과 을이 탄 독약을 합했을 때 비로소 치사량이 되는 경우

사례 2)
살고 있는 병이 많은 돈을 가지고 있다는 사실을 알고 갑에게 병의 집에 들어가서 돈을 훔쳐오라고 시켰다.
갑은 어느 날 밤 병의 집에 들어가서 훔칠 물건을 찾던 중 병이 깨어 누구냐고 소리 지르자 그곳에 있던 몽둥이로 병을 때렸다. 갑의 타격은 사람을 사망에 이르게 할 정도는 아니었으나 병은 노약하여 이로 인하여 사망하고 말았다. 갑은 병의 집에 있던 돈 2천만원을 가지고 나와서 을과 함께 1천만 원씩 나누어 가졌다.
갑, 을의 죄책은?

제7절 과 실 범

Ⅰ. 과실범의 개념

1. 정상의 주의를 태만히 함으로써 죄의 성립요소인 사실을 인식하지 못한 것
2. 과실의 핵심요소는 주의의무 위반
3. 과실범은 법률에 특별한 규정이 있을 때만 처벌 (=예비, 음모, 미수)

【판례】(대법원 2010.2.11. 선고 2009도9807 판결)
[1] 행정상의 단속을 주안으로 하는 법규라 하더라도 **'명문규정이 있거나 해석상 과실범도 벌할 뜻이 명확한 경우'를 제외하고는 형법의 원칙에 따라 '고의'가 있어야 벌할 수 있다.**
[2] **술을 마시고 찜질방에 들어온 갑이 찜질방 직원 몰래 후문으로 나가 술을 더 마신 다음 후문으로 다시 들어와 발한실(발한실)에서 잠을 자다가 사망한 사안**에서, 갑이 처음 찜질방에 들어갈 당시 술에 만취하여 목욕장의 정상적 이용이 곤란한 상태였다고 단정하기 어렵고, 찜질방 직원 및 영업주에게 손님이 몰래 후문으로 나가 술을 더 마시고 들어올 경우까지 예상하여 직원을 추가로 배치하거나 후문으로 출입하는 모든 자를 통제·관리하여야 할 업무상 주의의무가 있다고 보기 어렵다는 이유로, 위 찜질방 직원 및 영업주가 공중위생영업자로서의 업무상 주의의무를 위반하였다고 본 원심 판단에 법리오해 및 심리미진의 위법이 있다고 한 사례.

Ⅱ. 과실의 유형

1. 인식 없는 과실과 인식 있는 과실

(1) 인식 없는 과실 - 행위자가 주의의무 위반으로 인하여 구성요건이 실현될 수 있는 가능성을 인식하지 못한 경우

(2) 인식 있는 과실 - 구성요건이 실현될 수 있음을 인식하였으나 주의의무에 위반하여 그것이 되지 않을 것으로 신뢰한 경우

2. 단순과실과 업무상과실

업무상 과실은 주의의무가 가중되는 것이 아니라 **주의의무는 동일**하지만 **예견의무가 다르기 때문**에 책임이 가중되어 형법이 가중하여 벌하는 것

3. 경과실과 중과실

(1) **중과실**은 통상의 과실에 비해 주의의무를 현저히 태만한 경우
(2) 중과실 여부 판단은 사회통념을 고려하여 결정
(3) **중과실**과 **업무상과실**을 형법상 동일하게 경과실에 비해 가중처벌

【판례】 중과실을 인정한 판례 (대법원 1993.7.27. 선고 93도135 판결)
성냥불이 꺼진 것을 확인하지 아니한 채 플라스틱 휴지통에 던진 것이 중대한 과실에 해당한다고 본 사례.

【판례】 중과실을 인정한 판례 (대법원 1988.8.23. 선고 88도855 판결)
피고인이 약 2.5평 넓이의 주방에 설치된 간이온돌용 새마을보일러에 연탄을 갈아 넣음에 있어서 연탄의 연소로 보일러가 가열됨으로써 그 열이 전도, 복사되어 그 주변의 가열접촉물에 인화될 것을 쉽게 예견할 수 있었음에도 불구하고 그 주의의무를 게을리하여 위 **보일러로부터 5 내지 10센티미터쯤의 거리에 판시 가연물질을 그대로 두고 신문지를 구겨서 보일러의 공기조절구를 살짝 막아 놓은 채 그 자리를 떠나버렸기 때문에 판시와 같은 화재가 발생한 경우,** 중실화죄로 다스린 원심의 조치도 정당하다.

【판례】 중과실을 부정한 판례 (대법원 1989.1.17. 선고 88도643 판결)
연탄아궁이로부터 80센티미터 떨어진 곳에 쌓아둔 스폰지요, 솜 등이 연탄아궁이 쪽으로 넘어지면서 화재현장에 의한 화재가 발생한 경우, 피고인이 아주 작은 주의만 기울였더라면 그것들이 연탄아궁이 쪽으로 쉽게 넘어지고 또 그로 인하여 훈소현상(불꽃없이 연기만 내면서 타는 현상)에 의한 화재가 발생할 것을 예견할 수 있었다고 보기는 어렵다.

Ⅲ. 과실범의 성립요건

1. 객관적 주의의무 위반

(1) **객관적 주의의무**는 통상으로 요구되는 평균적 수준의 주의의무이지만, 만일 행위자가 전문지식(특수지식)을 가지고 있다면 고려되어야 한다.

(2) **주의의무**는 구체적인 행위로부터 발생할 수 있는 보호법익에 대한 위험을 인식하고(예견의무), 구성요건적 결과의 발생을 방지하기 위하여 적절한 방어조치를 취하는데 있다(회피의무).

(3) 주의의무의 표준

1) 학설

① 객관설 - 주의의무 위반을 객관적 표준에 의하여 판단하자는 견해

② 주관설 - 주의의무는 행위자 개인에게 가능한 주의의무에 국한되어야 한다는 견해 (개별적 주의의무 위반설)

2) 결론

객관설의 입장에서 과실의 주의의무를 판단한다.

【판례】(대법원 1996.11.8. 선고 95도2710 판결)
의료사고에 있어서 의료종사원의 과실을 인정하기 위하여서는 의료종사원이 결과 발생을 예견할 수 있음에도 불구하고 그 결과 발생을 예견하지 못하였고 그 결과 발생을 회피할 수 있었음에도 불구하고 그 결과 발생을 회피하지 못한 과실이 검토되어야 하고, 그 과실의 유무를 판단함에는 같은 업무와 직무에 종사하는 일반적 보통인의 주의정도를 표준으로 하여야 하며, 이에는 사고 당시의 일반적인 의학의 수준과 의료환경 및 조건, 의료행위의 특수성 등이 고려되어야 한다.

주의의무위반은 고의와 마찬가지로 구성요건요소와 책임요소로서의 2중 기능을 가지고 있다.

(4) 객관적 주의의무의 제한원리 *

1) 허용된 위험

① 의의

과실범 처벌은 행위자의 예견가능성과 회피가능성을 기초로 하는 것이다. 그러나 위험금지가 오늘날 무제한적으로 요구될 수는 없다.

예) 자동차 교통, 공장의 운영, 지하자원 채굴 등 위험이 있는 곳에 필요한 안전조치를 다한 것이라면 그 시설과 과정에 결합된 위험에 대하여 법질서는 인용할 것을 요구한다.

② 법적성격

사회생활에 필수적으로 요구되는 위험에 대한 사회적 상당성의 표현이다. 허용된 위험은 위법성조각사유가 아니라, 구성요건해당성 자체를 조각하는 것이다. = 객관적 주의의무의 제한원리가 된다.

2) 신뢰의 원칙 (허용된 위험 이론이 적용된 특수한 경우)

① 의의

i) 스스로 교통규칙을 준수한 운전자는 다른 교통관여자가 교통규칙을 준수할 것이라고 신뢰하면 족하고, 규칙에 위반한 비이성적 행동까지 예견하여 방어조치를 취할 필요가 없다는 원칙

ii) 과실범 처벌을 완화하고, 주의의무를 조정한 것

iii) 독일 판례 이후, 우리나라에서도 과실책임의 한정원리로 적용

iv) "과실범에 있어서 스스로 적법하게 행위 하는 행위자는 다른 관여자의 적절한 행위를 신뢰하면 족하다."

【판례】(대법원 1985.1.22. 선고 84도1493 판결)
신호등에 의하여 교통정리가 행하여지고 있는 교차로를 녹색 등화에 따라 직진하는 차량의 운전자는 특별한 사정이 없는 이상, 다른 차량들도 교통법규를 준수하고 충돌을 피하기 위하여 적절한 조치를 취할 것으로 믿고 운전하면 족하고, 다른 차량이 신호를 위반하고 직진하는 차량의 앞을 가로 질러 좌회전할 경우까지를 예상하여 그에 따른 사고발생을 미연에 방지할 특별한 조치까지 강구할 업무상의 주의의무는 없다.

② 적용범위

i) 도로교통

ii) 확대? 기업 활동, 외과수술

【판례】(대법원 2003.1.10. 선고 2001도3292 판결)
내과의사가 **신경과 전문의**에 대한 **협의진료** 결과와 환자에 대한 진료 경과 등을 신뢰하여 뇌혈관계통 질환의 가능성을 염두에 두지 않고 내과 영역의 진료 행위를 계속하다가 환자의 뇌지주막하출혈을 발견하지 못하여 식물인간 상태에 이르게 한 경우, 내과의사의 업무상과실을 부정한 사례

【판례】(대법원 1998.2.27. 선고 97도2812 판결)

의사는 전문적 지식과 기능을 가지고 환자의 전적인 신뢰하에서 환자의 생명과 건강을 보호하는 것을 업으로 하는 자로서, 그 의료행위를 시술하는 기회에 환자에게 위해가 미치는 것을 방지하기 위하여 최선의 조치를 취할 의무를 지고 있고, **간호사**로 하여금 의료행위에 관여하게 하는 경우에도 그 의료행위는 의사의 책임하에 이루어지는 것이고 간호사는 그 보조자에 불과하므로, 의사는 당해 의료행위가 환자에게 위해가 미칠 위험이 있는 이상 간호사가 과오를 범하지 않도록 충분히 지도·감독을 하여 사고의 발생을 미연에 방지하여야 할 주의의무가 있고, 이를 소홀히 한 채 만연히 간호사를 신뢰하여 간호사에게 당해 의료행위를 일임함으로써 간호사의 과오로 환자에게 위해가 발생하였다면 의사는 그에 대한 과실책임을 면할 수 없다.

③ 적용한계

i) 상대방의 규칙준수를 신뢰할 수 없는 경우 (스쿨존),

【판례】(대법원 1970.8.18, 70도1336 판결)

버스 운전자가 40미터 전방에 어린아이가 같은 방향으로 걸어가고 있음을 목격한 경우, 자동차 운전자는 그 아이가 진행하는 버스 앞으로 느닷없이 튀어나올 수 있음을 예견하고 이에 대비할 주의의무가 있다.

ii) 상대방의 규칙위반을 이미 인식한 경우,

【판례】(대법원 1981.3.24. 선고 80도3305 판결)

고속도로상을 운행하는 자동차운전자는 통상의 경우 보행인이 그 도로의 중앙방면으로 갑자기 뛰어드는 일이 없으리라는 신뢰하에서 운행하는 것이지만 위 **도로를 횡단하려는 피해자를 그 차의 제동거리 밖에서 발견하였다면** 피해자가 반대 차선의 교행차량 때문에 도로를 완전히 횡단하지 못하고 그 진행차선쪽에서 멈추거나 다시 되돌아 나가는 경우를 예견해야 하는 것이다.

【판례】(대법원 1986.2.25. 선고 85도2651 판결)

침범금지의 황색중앙선이 설치된 도로에서 자기차선을 따라 운행하는 자동차운전수는 반대방향에서 오는 차량도 그쪽 차선에 따라 운행하리라고 신뢰하는 것이 보통이고 중앙선을 침범하여 이쪽 차선에 돌입할 경우까지 예견하여 운전할 주의의무는 없으나, 다만 **반대방향에서 오는 차량이 이미 중앙선을 침범하여 비정상적인 운행을 하고 있음을 목격한 경우에는** 자기의 진행전방에 돌입할 가능성을 예견하여 그 차량의 동태를 주의깊게 살피면서 속도를 줄여 피행하는 등 적절한 조치를 취함으로써 사고발생을 미연에 방지할 업무상 주의의무가 있다.

iii) 스스로 교통규칙을 위반한 경우 등은 신뢰원칙이 적용될 수 없다.

【판례】(대법원 1993.1.15. 선고 92도2579 판결)
신호등에 의하여 교통정리가 행하여지고 있는 ㅏ자형 삼거리의 교차로를 녹색등화에 따라 직진하는 차량의 운전자는 특별한 사정이 없는 한 다른 차량들도 교통법규를 준수하고 충돌을 피하기 위하여 적절한 조치를 취할 것으로 믿고 운전하면 족하고, 대향차선 위의 다른 차량이 신호를 위반하고 직진하는 자기 차량의 앞을 가로질러 좌회전할 경우까지 예상하여 그에 따른 사고발생을 미리 방지하기 위한 특별한 조치까지 강구하여야 할 업무상의 주의의무는 없고, 위 직진차량 운전자가 사고지점을 통과할 무렵 제한속도를 위반하여 과속운전한 잘못이 있었다 하더라도 그러한 잘못과 교통사고의 발생과의 사이에 상당인과관계가 있다고 볼 수 없다.

【해설】 사고가 있을 당시에 운전자는 제한속도를 위반한 과실이 있어서 원칙적으로는 신뢰의 원칙이 적용되지 않는다. 그러나 사안에서와 같이 운전자의 제한속도 위반이 사고발생의 결정적인 영향을 미치지 아니한 경우, 신뢰의 원칙이 적용될 수 있다.

Ⅳ. 과실범의 미수 - X

Ⅴ. 과실범의 공범

1. 과실에 의한 교사나 방조 - X

공범이 아닌 간접정범이 된다.

2. 과실범의 공동정범은 판례에서 인정

Ⅵ. 과실범의 부작위범 (망각범) - 성립

[*] 형법상 과실범처벌규정

일반과실범	업무상과실범	중과실범
과실일수죄	-------------	--------------
실화죄		
과실폭발성물건파열죄		
과실가스·전기등방류죄		
과실가스·전기등공급방해죄		
과실교통방해죄		
과실치사죄		
---------	업무상 과실장물죄	중과실장물죄

【판례】(대법원 2009.5.28. 선고 2008도7030 판결)

원칙적으로 도급인에게는 수급인의 업무와 관련하여 사고방지에 필요한 안전조치를 취할 주의의무가 없으나, **법령에 의하여 도급인에게 수급인의 업무에 관하여 구체적인 관리·감독의무 등이 부여되어 있거나 도급인이 공사의 시공이나 개별 작업에 관하여 구체적으로 지시·감독하였다는 등의 특별한 사정이 있는 경우**에는 도급인에게도 수급인의 업무와 관련하여 사고방지에 필요한 안전조치를 취할 주의의무가 있다.

과실범에 대한 설명으로 가장 적절하지 **않은** 것은?

① 골프 카트 운전자는 골프 카트 출발 전에 승객들에게 안전손잡이를 잡도록 고지하고 승객이 안전 손잡이를 잡은 것을 확인하고 출발하여야 할 업무상 주의의무가 있다.

② 의료사고에 있어서 의사의 과실 유무를 판단할 때에는 같은 업무와 직종에 종사하는 일반적 보통인의 주의 정도를 표준으로 하여야 하며, 이때 사고 당시의 일반적인 의학의 수준과 의료환경 및 조건, 의료행위의 특수성 등을 고려하여야 한다.

③ 도급인이 수급인에게 공사의 시공이나 개별 작업에 관하여 구체적으로 지시·감독하였더라도, 법령에 의하여 도급인에게 구체적인 관리·감독의무가 부여되어 있지 않다면 도급인에게는 수급인의 업무와 관련하여 사고방지에 필요한 안전조치를 해야 할 주의의무가 없다.(X)

④ 교통이 빈번한 간선도로에서 횡단보도의 보행자 신호등이 적색으로 표시된 경우 운전자는 보행자가 동 적색신호를 무시하고 갑자기 뛰어나올 가능성에 대비하여 운전하여야 할 업무상 주의의무는 없다.

제8절 결과적 가중범

ex) 상해치사죄, 연소죄, 특수공무집행방해치사상죄

Ⅰ. 개념

1. 고의의 기본범죄가 본래의 구성요건의 결과를 넘어 행위자가 예견하지 못한 중한 결과가 발생한 경우에 그 중한 결과가 예견 가능한 것이라면 그 형이 가중되는 범죄

2. 기본범죄는 고의범에 국한된다(형법은 과실범에 대하여는 결과적가중범을 인정하지 아니한다)

3. 고의와 과실의 결합형식

4. 결과책임사상의 유물이었으나, 중한 결과에 대하여 과실이 있을 것을 요건화하여 책임주의와 조화시키려고 한다.

Ⅱ. 종류

1. 진정결과적 가중범

(1) 고의에 의한 기본범죄와 과실에 의한 중한 결과의 발생
(2) 상해치사죄, 연소죄

2. 부진정결과적 가중범

(1) 중한결과의 발생이 과실에 의한 경우뿐만 아니라 고의에 의한 경우까지 포함

【판례】(대법원 1983.1.18. 선고 82도2341 판결)
형법 제164조 후단이 규정하는 **현주건조물 방화치사상죄는** 그 전단에 규정하는 죄에 대한 일종의 가중처벌규정으로서 불을 놓아 사람의 주거에 사용하거나 사람이 현존하는 건조물을 소훼함으로 인하여 사람을 사상에 이르게 한 때에 성립되며 동 조항이 사형, 무기 또는 7년 이상의 징역의

무거운 법정형을 정하고 있는 취의에 비추어 보면 과실이 있는 경우 뿐만 아니라 고의가 있는 경우도 포함된다.

(2) 현주건조물방화치사상죄, 특수공무방해치상죄, 교통방해치상죄, 폭발성물건파열치상죄, 가스전기등방류치상죄, 중상해죄, 중손괴죄

(3) 강도치사상, 강간치사상, 인질치사상죄는 아니다 ***

(4) 결과적가중범의 중한 결과는 과실에 의해서는 물론 (진정결과적가중범) 고의에 의해서 야기되는 경우 (부진정결과적가중범)도 포함한다는 것이 통설의 입장

(5) **【판례】 부진정 결과적 가중범의 죄수 (대법원 2008.11.27. 선고 2008도7311 판결)**
기본범죄를 통하여 고의로 중한 결과를 발생하게 한 경우에 가중 처벌하는 **부진정 결과적가중범에서,** 고의로 중한 결과를 발생하게 한 행위가 별도의 구성요건에 해당하고 그 **고의범에 대하여 결과적가중범에 정한 형보다 더 무겁게 처벌하는 규정이 있는 경우**에는 그 고의범과 결과적가중범이 상상적 경합관계에 있지만, 위와 같이 **고의범에 대하여 더 무겁게 처벌하는 규정이 없는 경우**에는 결과적 가중범이 고의범에 대하여 특별관계에 있으므로 결과적가중범만 성립하고 이와 법조경합의 관계에 있는 고의범에 대하여는 별도로 죄를 구성하지 않는다.

【판례】 (대법원 1983.1.18. 선고 82도2341 판결)
형법 제164조 후단이 규정하는 현주건조물 방화치사상죄는 그 전단에 규정하는 죄에 대한 일종의 가중처벌규정으로서 불을 놓아 사람의 주거에 사용하거나 사람이 현존하는 건조물을 소훼함으로 인하여 사람을 사상에 이르게 한 때에 성립되며 동 조항이 사형, 무기 또는 7년 이상의 징역의 무거운 법정형을 정하고 있는 취의에 비추어 보면 과실이 있는 경우 뿐만 아니라 고의가 있는 경우도 포함된다고 볼 것이므로, 현주건조물내에 있는 사람을 강타하여 실신케 한 후 동건조물에 방화하여 소사케 한 피고인을 현주건조물에의 방화죄와 살인죄의 상상적 경합으로 의율할 것은 아니다.

【해설】 형법 제164조2항(현주건조물방화치사) 불을 놓아 사람이 주거로 사용하거나 사람이 현존하는 건조물을 소훼하여 사람을 사망에 이르게 한 때에는 사형, 무기 또는 7년 이상의 징역에 처한다(전문개정 1995.12.29)
형법 제250조1항(살인) 사람을 살해한 자는 사형, 무기 또는 5년 이상의 징역에 처한다.

Ⅲ. 성립요건

1. 구성요건해당성

(1) 기본범죄의 실현

고의범에 한한다.

다만, 기본범죄는 미수, 기수, 작위범, 부작위범을 불문한다.

낙태치사상죄, 연소죄 등은 기본범죄 미수이면 안 됨

【판례】 (대법원 1988.11.8. 선고 88도1628 판결)

피고인은 피해자를 주점 홀바닥에 넘어뜨린 다음 반항하는 피해자의 가슴을 왼손으로 누르고, 오른손으로 치마를 걷어 올리고 팬티를 내린다음 자신도 혁대를 풀고 피해자의 몸위로 올라가 **강간하려 하였다가 피해자이 피고인의 따귀를 때리면서 완강하게 반항하여 그 뜻을 이루지 못하고 미수에 그쳤으나 그로 인하여 피해자에게 상해를 입힌 경우**, 강간죄에 있어서의 폭행 또는 협박은 피해자의 반항을 현저히 곤란하게 할 정도의 것이어야 함은 물론이고, 그 미수에 그친 경우라도 강간의 수단이 된 폭행에 의하여 피해자가 상해를 입었으면 강간치상죄가 성립하는 것이며, 또한 그 미수에 그치게 된 것이 피고인이 자의로 실행에 착수한 행위를 중지한 경우이든 실행에 착수하여 행위를 종료하지 못한 경우이든 가릴 바 못된다.

(2) 기본범죄로 인한 중한 결과의 발생 (직접성의 원칙)

중한 결과가 기본범죄에 내포된 전형적인 고유한 위험의 실현일 때 또는 기본범죄의 상당하고 전형적인 결과가 야기될 때 성립된다.

【판례】 (대법원 1985.1.15. 선고 84도2397 판결)

강도치상죄에 있어서의 상해는 **강도의 기회에** 범인의 행위로 인하여 발생한 것이면 족한 것이므로, **피고인이 택시를 타고 가다가 요금지급을 면할 목적으로 소지한 과도로 운전수를 협박하자 이에 놀란 운전수가 택시를 급우회전하면서 그 충격으로 피고인이 겨누고 있던 과도에 어깨부분이 찔려 상처를 입었다면**, 피고인의 위 행위를 강도치상죄에 의율함은 정당하다.

(3) 중한 결과에 대한 예견가능성

결과적 가중범은 행위자가 행위시에 그 결과의 발생을 예견할 수 없을 때에도 그 행위와 결과사이에 상당인과관계가 있다고 하면 중한 죄로 처벌 받아야한다. (X) → "반드시 예견 가능성(과실)이 있어야 한다."

【판례】 (대법원 1988.4.12. 선고 88도178 판결)

형법 제15조 제2항이 규정하고 있는 이른바 결과적 가중범은 행위자가 행위시에 그 결과의 발생을 예견할 수 없을 때에는 비록 그 행위와 결과 사이에 인과관계가 있다 하더라도 중한 죄로 벌할 수 없다.

【판례】 (대법원 1990.9.25. 선고 90도1596 판결)

폭행치사죄는 결과적 가중범으로서 폭행과 사망의 결과 사이에 인과관계가 있는 외에 사망의 결과에 대한 예견가능성 즉 과실이 있어야 하고 이러한 예견가능성의 유무는 폭행의 정도와 피해자의 대응상태 등 구체적 상황을 살펴서 엄격하게 가려야 하는 것인바, 피고인이 피해자에게 상당한 힘을 가하여 넘어뜨린 것이 아니라 단지 공장에서 동료 사이에 말다툼을 하던 중 피고인이 **삿대질하는 것을 피하고자 피해자 자신이 두어걸음 뒷걸음치다가 회전 중이던 십자형 스빙기계 철받침대에 걸려 넘어진 정도라면**, 당시 바닥에 위와 같은 장애물이 있어서 뒷걸음치면 장애물에 걸려 넘어질 수 있다는 것까지는 예견할 수 있었다고 하더라도 그 정도로 넘어지면서 머리를 바닥에 부딪쳐 두개골절로 사망한다는 것은 이례적인 일이어서 통상적으로 일반인이 예견하기 어려운 결과라고 하지 않을 수 없으므로 피고인에게 폭행치사죄의 책임을 물을 수 없다.

> 결과적 가중범에 관한 설명 중 옳은 것은?
>
> ① 친구를 살해할 의도로 그 친구가 살고 있는 집을 방화하여 그를 사망에 이르게 한 경우, 현주건조물방화치사죄만 성립한다.(O)
>
> ② 부진정 결과적 가중범은 중한 결과를 야기한 기본범죄가 고의범인 경우뿐만 아니라 과실범인 경우에도 인정되는 개념이다.
>
> ③ 기본범죄와 중한 결과 사이에 인과관계가 인정된다면, 중한 결과에 대한 예견 가능성이 없는 경우라도 결과적 가중범으로 처벌할 수 있다.
>
> ④ 「형법」 제177조 제2항의 현주건조물일수치사죄의 법정형은 사형, 무기 또는 7년 이상의 징역이다.

Ⅳ. 결과적 가중범의 공범

1. 공동정범 : 긍정설 (판례 입장 - 상해치사죄)

중한 결과에 대한 공동의 과실(예견가능성)이 있을 때에는 공동정범이 성립된다.

【판례】 (대법원 2000.5.12. 선고 2000도745 판결)

피고인(갑)은 친구인 을으로부터 을의 여동생을 강간한 병을 혼내주러 가자는 연락을 받고 을과 함께 병을 만나 을과 갑은 주먹으로 병을 때리면서 을은 소지하고 있던 부엌칼로 병을 위협하였으며, 그 후 이를 견디지 못한 병이 도망가자, 갑은 을의 뒤를 따라 병을 추격하던 중 을이 떨어뜨린 부엌칼로 병의 좌측

흉부를 1회 찔러 좌측흉부 자창상 등을 가하고, 이로 인하여 병으로 하여금 실혈로 사망에 이르게 한 경우, 결과적 가중범인 상해치사죄의 공동정범은 폭행 기타의 신체침해 행위를 공동으로 할 의사가 있으면 성립되고 결과를 공동으로 할 의사는 필요 없으며, 여러 사람이 상해의 범의로 범행 중 한 사람이 중한 상해를 가하여 피해자가 사망에 이르게 된 경우 나머지 사람들은 사망의 결과를 예견할 수 없는 때가 아닌 한 상해치사의 죄책을 면할 수 없다고 할 것이다

2. 교사 방조 : 가능하다

교사범, 방조범에게도 중한 결과에 대한 과실이 있어야한다.

【판례】(대법원 1993.10.8. 선고 93도1873 판결)

교사자가 피교사자에 대하여 상해 또는 중상해를 교사하였는데 피교사자가 이를 넘어 살인을 실행한 경우 일반적으로 교사자는 상해죄 또는 중상해죄의 교사범이 되지만 이 경우 교사자에게 피해자의 사망이라는 **결과에 대하여** 과실 내지 예견가능성이 있는 때에는 상해치사죄의 교사범으로서의 죄책을 지울 수 있다.

V. 결과적 가중범의 미수

1. 진정결과적 가중범의 미수는 이론상 인정될 여지가 없다. 기본범죄가 미수인데도 불구하고 중한 결과가 발생한 경우에는 결과적 가중범의 기수가 되기 때문이다. (판례, 통설)

【판례】(대법원 2008.4.24. 선고 2007도10058판결)

[1] 성폭력범죄의 처벌 및 피해자보호 등에 관한 법률 제9조 제1항에 의하면 같은 법 제6조 제1항에서 규정하는 특수강간의 죄를 범한 자뿐만 아니라, 특수강간이 미수에 그쳤다고 하더라도 그로 인하여 피해자가 상해를 입었으면 특수강간치상죄가 성립하는 것이고, 같은 법 제12조에서 규정한 위 제9조 제1항에 대한 **미수범 처벌규정**은 제9조 제1항에서 특수강간치상죄와 함께 규정된 특수강간상해죄의 미수에 그친 경우, 즉 특수강간의 죄를 범하거나 미수에 그친 자가 피해자에 대하여 상해의 고의를 가지고 피해자에게 상해를 입히려다가 미수에 그친 경우 등에도 적용된다.

[2] **위험한 물건인 전자충격기를 사용하여 강간을 시도하다가 미수에 그치고, 피해자에게 약 2주간의 치료를 요하는 안면부 좌상 등의 상해를 입힌 사안에서,** 성폭력범죄의 처벌 및 피해자보호등에 관한 법률에 의한 특수강간치상죄가 성립한다.

2. 예외적으로 현행법상 결과적가중범의 미수를 처벌하는 규정

(1) 형법 - 현주건조물일수치상·치사죄, 인질치상·치사죄,
강도치상·치사죄, 해상강도치상·치사죄

(2) 성폭력특별법 - 강간치사상죄

소수설 : "결과적가중범의 미수범을 긍정할 수 있다."
- 미수처벌 규정이 있는 경우에는 기본범죄의 미수,기수에 따라 결과적 가중범의 미수, 기수가 성립한다.
- 미수처벌 규정이 없는 경우에는 중한 결과가 발생하지 아니하면 기본범죄로 처벌되고, 기본범죄가 미수에 그친 경우에도 중한 결과가 발생하면 결과적 가중범으로 처벌된다.
(권오걸, 박상기, 손동권, 정영일)

제9절 부작위범

Ⅰ. 의의

(1) 금지규범(사람을 살해한 자)에 반하는 것이 작위
명령규범(퇴거에 불응한 자-319조 2항)에 반하는 것이 부작위

(2) 부작위의무의 위반이 작위범
작위의무 위반이 부작위범

2007도482

(3) **【판례】 작위와 부작위의 구별 (대법원 2004.6.24. 선고 2002도995 판결)**
어떠한 범죄가 적극적 작위에 의하여 이루어질 수 있음은 물론 결과의 발생을 방지하지 아니하는 소극적 부작위에 의하여도 실현될 수 있는 경우에, 행위자가 자신의 신체적 활동이나 물리적·화학적 작용을 통하여 적극적으로 타인의 법익 상황을 악화시킴으로써 결국 그 타인의 법익을 침해하기에 이르렀다면, 이는 작위에 의한 범죄로 봄이 원칙이고, 작위에 의하여 악화된 법익 상황을 다시 되돌이키지 아니한 점에 주목하여 이를 부작위범으로 볼 것은 아니며, 나아가 악화되기 이전의 법익 상황이, 그 행위자가 과거에 행한 또 다른 작위의 결과에 의하여 유지되고 있었다 하여 이와 달리 볼 이유가 없다.

(4) 부작위의 행위성
"부작위란 법적 행위기대라는 규범적 가치판단요소에 의하여 사회적 중요성을 가지는 인간의 행태"가 되어 작위와 함께 행위의 기본 형태를 이룬다.

Ⅱ. 부작위범의 종류

1. 진정부작위범

(1) 형법의 개별구성요건 중 행위태양 자체가 부작위로 되어 있는 경우
(2) 다중불해산죄(116조) 퇴거불응죄(319조2항), 전시공수계약불이행죄 (117조1항), 전시군수계약불이행죄(103조1항), 집합명령위반죄(145조2항)

2. 부진정부작위범

작위형태의 범죄를 부작위로 범하는 것

Ⅲ. 부작위범의 성립요건

1. 진정 · 부진정부작위범의 공통 성립요건

(1) 개별적 행위가능성

"낙동강에 빠진 사람이 서울에 있는 사람에게 부작위범 문제는 x"

2. 부진정부작위범의 성립요건

(1) 행위의 전제로서 일반적 행위가능성의 존재

(2) 객관적 구성요건요소

객관적 구성요건요소
ⅰ. 작위의무 존재 (보증인적 지위)
ⅱ. 작위의무 불이행 (부작위)
ⅲ. 인과관계
ⅳ. 작위와의 행위정형의 동가치성

1) 작위의무의 존재 (보증인적 지위)

"부진정부작위범에 있어서 부작위가 작위와 같이 평가될 수 있기 위하여는 부작위범이 결과의 발생을 방지해야 할 보증인이 되지 않으면 안된다."

보증인 지위를 인정하기 위해서는, 법익의 담당자가 위협되는 침해에 대하여 보호할 능력이 없고, 부작위범에게 **그 위험으로부터 법익을 보호해야 할 의무(즉 작위의무)**가 있고, 부작위범이 이러한 보호기능에 의하여 법익침해를 야기할 사태를 지배하고 있을 것을 요한다. 그 중 **작위의무**가 가장 중요.

① 보증인지위의 체계

ⅰ) 이분설 (통설)

a. 보증인적 지위와 그 기초가 되는 보증인적 의무(작위의무)를 이분하여 전자는 구성요건요소에, 후자는 위법성요소에 속한 것으로 이해하는 견해

b. 모든 것을 구성요건요소로 보았던 나글러(Nagler) 이래의 학설에 수정을 가한 것

초창기에는 보증인지위와 의무를 모두 위법성요소로 보았다가 구성요건에 해당하는 범위가 너무 확장되자 나글러는 이를 구성요건요소로 보았고 이때부터 부작위범은 진정신분범이 되었다.

나글러의 보증인설에 의할 경우 '보증인 지위와 의무' 모두 구성요건요소로서 그 착오는 구성요건의 착오에 해당한다.

c. 그러나 이원설(통설)에 의하면 '보증인 지위'의 착오는 구성요건 착오, '보증인 의무'의 착오는 금지착오가 된다.

d. 갑은 자신의 아들 을이 익사하는 것을 보았으나 을이 아닌 다른 아이인 줄 알고 남의 아이는 구할 의무는 없다고 생각하여 구조하지 않았다. *

이원설에 따르면서 유죄를 인정한다면 → 갑은 과실치사죄

② **보증인적 지위의 발생근거**

i) **학설**

a. **형식설** - (법령, 계약, 조리 또는 선행행위에 의하여 작위의무의 근거가 인정되면 보증인적 지위 발생)

b. **기능설** - (보호의무와 위험 감시의무에 따른 지배의무로 분류)

c. **절충설**

ii) **결어**

도로교통법 제50조제1항, 제2항이 규정한 교통사고발생시의 구호조치 및 신고의무는 당해 차량 운전자에게 그 사고발생에 대한 고의, 과실 혹은 유책, 위법의 유무에 관계없이 부과된 의무라고 해석되므로, 귀책사유없어도 위 의무가 있다(2000도1731)

형법상 부작위범이 인정되기 위한 작위의무는 법적인 의무(친권자 보호의무, 친족부양의무/진료와 응급조치의무, 운전자구호의무)뿐 아니라 사회상규, 조리상 인정되는 의무가 기대되는 경우에도 해당된다.

【판례】(대법원 1996.9.6. 선고 95도2551 판결)
형법상 부작위범이 인정되기 위해서는 형법이 금지하고 있는 법익침해의 결과 발생을 방지할 법적인 작위의무를 지고 있는 자가 그 의무를

이행함으로써 결과 발생을 쉽게 방지할 수 있었음에도 불구하고 그 결과의 발생을 용인하고 이를 방관한 채 그 의무를 이행하지 아니한 경우에, 그 부작위가 작위에 의한 법익침해와 동등한 형법적 가치가 있는 것이어서 그 범죄의 실행행위로 평가될 만한 것이라면, 작위에 의한 실행행위와 동일하게 부작위범으로 처벌할 수 있고, 여기서 **작위의무는 법적인 의무이어야 하므로 단순한 도덕상 또는 종교상의 의무는 포함되지 않으나 작위의무가 법적인 의무인 한 성문법이건 불문법이건 상관이 없고 또 공법이건 사법이건 불문하므로, 법령, 법률행위, 선행행위로 인한 경우는 물론이고 기타 신의성실의 원칙이나 사회상규 혹은 조리상 작위의무가 기대되는 경우에도 법적인 작위의무는 있다.**

세월호 사건
2015도6809 살인등

【판례】 법적인 작위의무 (대법원 1996.9.6. 선고 95도2551 판결)

법원의 입찰사건에 관한 제반 업무를 주된 업무로 하는 공무원이 자신이 맡고 있는 입찰사건의 입찰보증금이 계속적으로 횡령되고 있는 사실을 알았다면, 담당 공무원으로서는 이를 제지하고 즉시 상관에게 보고하는 등의 방법으로 그러한 사무원의 횡령행위를 방지해야 할 법적인 작위의무를 지는 것이 당연하고, 비록 그의 묵인 행위가 배당불능이라는 최악의 사태를 막기 위한 동기에서 비롯된 것이라고 하더라도 자신의 작위의무를 이행함으로써 결과 발생을 쉽게 방지할 수 있는 공무원이 그 사무원의 새로운 횡령범행을 방조 용인한 것을 작위에 의한 법익침해와 동등한 형법적 가치가 있는 것이 아니라고 볼 수는 없다는 이유로, 그 담당 공무원을 업무상횡령의 종범으로 처벌한 사례.

주점 유기치사 사건
2011도12302
"부수적 계약관계에 기초한 부조의무 인정"

【판례】 계약상·조리상 작위의무 (대법원 1997.3.14. 선고 96도1639 판결)

백화점에서 바이어를 보조하여 특정매장에 관한 상품관리 및 고객들의 불만사항 확인 등의 업무를 담당하는 직원은 자신이 관리하는 특정매장의 점포에 가짜 상표가 새겨진 상품이 진열·판매되고 있는 사실을 발견하였다면 고객들이 이를 구매하도록 방치하여서는 아니되고 점주나 그 종업원에게 즉시 그 시정을 요구하고 바이어 등 상급자에게 보고하여 이를 시정하도록 할 근로계약상·조리상의 의무가 있다고 할 것임에도 불구하고 이러한 사실을 알고서도 점주 등에게 시정조치를 요구하거나 상급자에게 이를 보고하지 아니함으로써 **점주로 하여금 가짜 상표가 새겨진 상품들을 고객들에게 계속 판매하도록 방치한 것**은 작위에 의하여 점주의 상표법위반 및 부정경쟁방지법위반 행위의 실행을 용이하게 하는 경우와 동등한 형법적 가치가 있는 것으로 볼 수 있으므로, 백화점 직원인 피고인은 부작위에 의하여 공동피고인인 점주의 상표법위반 및 부정경쟁방지법위반 행위를 방조하였다고 인정할 수 있다.

【판례】 선행행위에 의한 작위의무 (대법원 1982.11.23. 선고 82도2024 판결)

피고인이 미성년자를 유인하여 포박 감금한 후 단지 그 상태를 유지하였을 뿐인데도 피감금자가 사망에 이르게 된 것이라면 피고인의 죄책은 감금치사죄에 해당한다 하겠으나, 나아가서 **그 감금상태가 계속된 어느 시점에서 피고인에게 살해의 범의가 생겨 피감금자에 대한**

사례에서,
1. 피고인을 감금치사죄로 처벌할 것인가, 살인죄로 처벌할 것인가?

위험발생을 방지함이없이 포박감금상태에 있던 피감금자를 그대로 방치함으로써 사망케 하였다면 <u>피고인의 부작위는 살인죄의 구성요건적 행위를 충족하는 것이라고 평가하기에 충분하므로 부작위에 의한 살인죄를 구성한다.</u>

【판례】 조리에 의한 작위의무 – 신의칙상의 조리의무
(대법원 1998.12.8. 선고 98도3263 판결)
임대인이 임대차계약을 체결하면서 임차인에게 임대목적물이 경매 진행중인 사실을 알리지 아니한 경우, 일반거래의 경험칙상 상대방이 그 사실을 알았더라면 당해 법률행위를 하지 않았을 것이 명백한 경우에는 <u>신의칙에 비추어 그 사실을 고지할 법률상 의무가 인정</u>되는 것이므로, 임차인이 등기부를 확인 또는 열람하는 것이 가능하더라도 사기죄가 성립한다고 본 사례.

2) 작위의무의 불이행 (부작위) - 결과발생 방지행위의 불이행

3) 인과관계

부작위범에 있어서도 인과관계는 존재해야 한다.
(특히 부진정부작위범)

<u>4) 작위와의 동가치성 (행위정형의 동가치성)</u> cf. 결과와의 동가치성이 아님

작위의 실행행위와 동일한 것이라고 평가할 수 있는 부작위일 것
(작위범의 구성요건에 규정된 실행행위와 사회적으로 동일한 의미)

① <u>행태의존적인 결과범</u>

ⅰ) 사기죄에서의 기망, 주거침입죄에서의 침입, 모욕죄에서의 모욕, 강요죄에서의 강요, 단순도주죄에서의 도주

ⅱ) 이러한 범죄에서는 부작위가 결과야기자체와 동가치성을 가져야 하고, 구성요건적 행위양태과도 동가치성을 가져야한다.

② 행위에 따른 결과 야기만으로 처벌되는 <u>순수결과야기범</u>

ⅰ) 살인죄, 상해죄, 손괴죄, 방화죄
ⅱ) 행위정형의 동가치성의 기준은 적용될 필요가 없다.

2. 만일 검사가 감금치사로 기소하였다가 살인죄로 공소장 변경하는 것은 가능한가. 살인죄로 기소하였다가 감금치사죄로 변경하는 것은 어떠한가.
3. 검사가 살인죄로 기소하였으나, 법원에서 공판 진행 후 살인죄가 인정되지 아니하지만 감금치사가 인정된다고 판단하여 감금치사로 처벌하는 것이 가능한가.

인터넷 포털사이트 팀장과 직원의 <u>조리상 의무</u> (2003도4128)

91도2951 판결
"조카(10세), 저수지, 제방"
형법이 금지하고 있는 법익침해의 결과발생을 방지할 법적인 작위의무를 지고 있는 자가 그 의무를 이행함으로써 결과발생을 쉽게 방지할 수 있었음에도 불구하고 그 결과의 발생을 용인하고 이를 방관한 채 그 의무를 이행하지 아니한 경우에, 그 <u>부작위가 작위에 의한 법익침해와 동등한 형법적 가치가 있는 것이어서 그 범죄의 실행행위로 평가될 만한 것이라면, 작위에 의한 실행행위와 동일하게 부작위범으로 처벌할 수 있다</u>고 할 것이다.

2017도1405
부작위에 의한 기망

Ⅳ. 부진정부작위범의 처벌

1. 작위범과 동일
2. 입법론으로는 부진정부작위범의 행위무가치는 작위범에 비하여 경미하다고 해야 하므로 형에 있어서는 임의적 감경사유로 규정함이 타당하다는 견해도 제기

Ⅴ. 관련문제

1. 부작위범의 미수

(1) 진정부작위범의 미수는 불가능. 다만, 형법상 퇴거불응죄와 집합명령위반죄의 경우는 예외적으로 미수범처벌규정

(2) 부진정부작위범의 경우는 미수가 당연히 인정

2. 부작위에 의한 간접정범, 부작위에 의한 교사 → X

공범에게 보증인 지위가 없으면 **부작위에 의한** 간접정범과 교사는 성립할 수 없다. 그러나 **부작위범에 대한** 공범(교사·방조·간접정범·공동정범)은 얼마든지 성립할 수 있다.

【판례】 부작위범에 대한 공동정범 (대법원 2008.3.27. 선고 2008도89 판결)

[1] **신고의무 위반으로 인한 공중위생관리법 위반죄**는 구성요건이 부작위에 의하여서만 실현될 수 있는 진정부작위범에 해당한다.

[2] **부작위범 사이의 공동정범은** 다수의 부작위범에게 공통된 의무가 부여되어 있고 그 의무를 공통으로 이행할 수 있을 때에만 성립한다.

부작위범에 관한 설명 중 옳은 것은? ① 부작위에 의한 교사와 방조 모두 불가능하다. ② 「형법」 제319조 제2항의 퇴거불응죄는 부진정부작위범이다. ③ 파업은 그 자체로 부작위가 아니라 작위적 행위이다.(O) ④ 작위의무는 법적 의무로서 사회상규 혹은 조리상 작위의무가 기대되는 경우에는 부정된다.

2009도12109
현주건조물방화치사 · 현주건조물방화치상(인정된죄명:중과실치사 · 중과실치상 · 중실화) · 치료감호

제3장 위 법 성

제1절 위법성 일반론

Ⅰ. 위법성의 본질 - 위법성의 평가 기준을 어디에 둘 것인가 문제

1. 형식적 위법성론과 실질적 위법성론

(1) 형식적 위법성론 - "위법성은 규범에 대한 위반"이다.
(2) 실질적 위법성론 - "위법성은 사회상규에 반하는 것"이다.

2. 검토

(1) **형법 제20조(정당행위)** 법령에 의한 행위 또는 업무로 인한 행위 기타 사회상규에 위배되지 아니하는 행위는 벌하지 아니한다.
(2) 권리의 침해(포이에르바하), 법익의 침해(리스트), 문화규범, 조리, 공서양속에 위반하는 것

3. 적용

실질적 위법성론에 의하면 책임무능력자에 대한 정당방위는 불가능하다(x)
→ 책임무능력자에 대한 정당방위는 불가능하다는 견해는
주관적 위법성론이다.
실질적 위법성론은 위법성의 본질에 관한 이론이다.

Ⅱ. 위법성의 평가방법 - 누구를 기준으로 위법성을 판단할 것인가의 문제

1. 주관적 위법성론과 객관적 위법성론

(1) 주관적 위법성론

1) 법의 본질은 의사결정규범이다.
2) 수명자가 법규범의 명령을 이해하여야만 하므로 수명자는 책임능력자이어야 한다.
3) 정신병자의 부당한 침해는 위법한 행위가 되지 못하므로 이에 대해서는 정당방위를 할 수 없게 된다. 긴급피난은 가능하다.

(2) 객관적 위법성론

1) 법은 객관적 평가규범이다.
2) 행위주체가 행위능력자인가 여부나 책임능력자인가 여부는 문제되지 않는다.
3) 정신병자나 형사미성년자도 규범의 수명자가 될 수 있고, 위법하게 행위할 수 있다.
4) 정신병자의 부당한 침해는 객관적으로 위법하게 되므로 이에 대해 정당방위가 가능하다. 물론 긴급피난도 가능하다.

2. 구체적 사례

12세의 소년 갑은 실탄이 있는 권총을 장난감권총으로 오인하고 을을 향해 방아쇠를 당기려 하자 을은 자기 생명을 방위하기 위하여 의자를 갑에게 던진 결과 갑은 얼굴에 중상을 입었다. *

(1) **객관적 위법성론**에 의하면 을의 행위는 **정당방위**가 된다.

[참고] 정당방위 성립요건 ** (* 정당방위는 "부정 대 정")

1) 현재의 부당한 침해
2) 방위행위 및 방위의사
3) 상당한 이유 - 필요성과 적합성

(2) **주관적 위법성론**에 의하면 정당방위라고 할 수 없다. **긴급피난**이 된다.

[참고] 긴급피난 성립요건 ** (*긴급피난은 "정대 정, 부정 대 정")

1) 자기 또는 타인의 법익에 대한 현재의 위난
2) 피난행위 및 피난의사
3) 상당한 이유 - 균형성, 최후수단성, 적합성

Ⅲ. 주관적 위법성조각사유(주관적 정당화요소)

모든 위법성 조각사유에는 주관적 정당화요소가 필요하다. (통설)

1. 종류

(1) 정당방위의 방위의사
(2) 긴급피난의 피난의사
(3) 자구행위의 자구의사
(4) 피해자 승낙의 '승낙이 있다는 사실의 인식'
(5) 추정적 승낙의 '면밀한 양심적 심사' 등

2. 주관적 정당화요소를 결한 효과 (ex.우연방위)

(1) 주관적 정당화요소가 필요 없다는 견해 (객관설, 결과반가치)

주관적 정당화요소를 결한 경우에도 위법성이 조각되며 결국 무죄

(2) 주관적 정당화요소가 필요하다는 견해

1) 기수범설 - 정당방위가 성립하지 않으므로 기수범이 성립한다. (이재상)

2) 불능미수범설 - "결과반가치는 없으나, 행위반가치는 존재하므로" 불능미수범으로 처벌하여야 한다.(다수설) 즉 "위험성이 있을 때 처벌하며, 형을 감경, 면제할 수 있다"

(3) 구체적 사례

갑은 아들의 원수를 갚기 위해 을을 총으로 쏘아 살해하였다. 그런데 갑이 총을 발사하기 직전에 을 역시 갑을 살해하려고 총의 방아쇠를 당기려는 순간이었다.

1) 주관적 정당화요소가 필요치 않다는 입장 → 무죄
2) 주관적 정당화요소가 필요하다는 입장 → 불능미수에 해당하나, 위험성이 있으므로 처벌하되 감경, 면제할 수 있다.

제2절 정당방위

Ⅰ. 의의 및 기본 사상

1. 형법 제21조

자기 또는 타인의 법익에 대한 현재의 부당한 침해를 방위하기 위한 행위는 상당한 이유가 있는 때에는 벌하지 아니한다.

2. 근거

자기보호의 원리, 법수호의 원리

3. 정당방위의 성질

위법성조각사유이다. 따라서 정당방위에 의하여 행위를 한 자는 적법하게 행위를 한 것이 된다.

Ⅱ. 성립요건

1. 정당방위상황 : 현재의 부당한 침해

(1) 침해

1) 사람의 침해 - ① 법인이나 동물, 자연현상에 의한 침해는 포함되지 않는다. 즉 대물방위는 불가능하다.
② 다만, 동물이 도구로 이용되었을 경우에 한하여 정당방위가 가능하다.

2) 침해가 작위, 부작위, 고의, 과실인지 여부를 묻지 않는다.

(2) 현재성

1) 법익침해가 급박한 상태에 있거나 바로 발생하였거나, 아직 계속되고 있는 것 (절도의 현행범인 추격)

【판례】(대법원 1996.4.9. 선고 96도241 판결)
갑이 화가 나 피고인 방의 창문을 쇠스랑으로 부수자, 이에 격분하여 배척(속칭 빠루)을 들고 나와 마당에서 이 장면을 구경하다 미처 피고인을 피하여 도망가지 못한 마을주민인 피해자 1, 2을 배척(속칭 빠루)으로 때려 각 상해를 가한 경우, 피고인에게는 현재의 부당한 침해는 없었음이 명백하다는 이유로 정당방위에 관한 피고인의 주장을 배척하였다.

2) 예방적 정당방위는 안 된다.

【판례】 의붓아버지의 강간행위 (대법원 1992.12.22. 선고 92도2540 판결)
피고인 김보은이 약 12살 때부터 의붓아버지인 피해자의 강간행위에 의하여 정조를 유린당한 후 계속적으로 이 사건 범행무렵까지 피해자와의 성관계를 강요받아 왔고, 그 밖에 피해자로부터 행동의 자유를 간섭받아 왔으며, 또한 그러한 침해행위가 그 후에도 반복하여 계속될 염려가 있었다면, 피고인들의 이 사건 범행 당시 피고인 김보은의 신체나 자유등에 대한 현재의 부당한 침해상태가 있었다고 볼 여지가 없는 것은 아니나, 그렇다고 하여도 판시와 같은 경위로 이루어진 피고인들의 이 사건 살인행위가 형법 제21조 소정의 정당방위나 과잉방위에 해당한다고 하기는 어렵다.
정당방위가 성립하려면 침해행위에 의하여 침해되는 법익의 종류, 정도, 침해의 방법, 침해행위의 완급과 방위행위에 의하여 침해될 법익의 종류, 정도 등 일체의 구체적 사정들을 참작하여 방위행위가 사회적으로 상당한 것이었다고 인정할 수 있는 것이어야 할 것인데, **피고인들이 사전에 판시와 같은 경위로 공모하여 범행을 준비하고, 술에 취하여 잠들어 있는 피해자의 양팔을 눌러 꼼짝 못하게 한 후 피해자를 깨워 피해자가 제대로 반항할 수 없는 상태에서 식칼로 피해자의 심장을 찔러 살해한다는 것**은, 당시의 상황에 비추어도 **사회통념상 상당성을 인정하기가 어렵다**고 하지 않을 수 없고, 피고인들의 범행의 동기나 목적을 참작하여도 그러하므로, 원심이 피고인들의 판시 행위가 정당방위에 해당한다거나 야간 기타 불안스러운 상태하에서 공포, 경악, 흥분 또는 당황으로 인하여 그 정도를 초과한 경우에 해당한다는 피고인들의 주장을 배척한 조처도 정당하고, 거기에 소론과 같은 법리를 오해하거나 채증법칙을 어긴 위법이 있다고 할 수 없다.

3) 장래의 침해에 대비하여 설치해 둔 자동보안장치(자동발사장치 등)은 가능하다.

(3) 부당한 침해

1) 책임무능력자의 침해에 대해서도 정당방위 가능하다.
2) 정당방위에 대한 정당방위, 긴급피난에 대한 정당방위는 불가하다. 이때 긴급피난은 가능하다.
3) 침해행위가 형법상 구성요건에 해당하는 행위일 필요는 없다.

【판례】(대법원 2000.7.4. 선고 99도4341 판결)

경찰관의 행위가 적법한 공무집행을 벗어나 불법하게 체포한 것으로 볼 수밖에 없다면, 그 체포를 면하려고 반항하는 과정에서 경찰관에게 상해를 가한 것은 불법 체포로 인한 신체에 대한 현재의 부당한 침해에서 벗어나기 위한 행위로서 정당방위에 해당하여 위법성이 조각된다고 한 사례.

2. 자기 또는 타인의 법익을 위한 방위행위 및 방위의사

(1) 자기 또는 타인의 법익

1) 원칙적으로 개인적 법익

① 무면허운전을 막기 위해 상해를 가하는 것 - 안 된다

② 음란한 서화를 판매하는 것을 보고 이러면 조국이 망한다고 하면서 몽땅 쓸어오는 경우 - 안 된다

2) 국가적법익과 사회적법익의 경우는?

국가나 사회에 대한 명백하고 중대한 위협에 직면하여 국가나 사회가 스스로 보호조치를 취할 수 없는 경우에만 **예외적으로 인정된다.**

(2) 방위행위의 상대방

방위행위의 상대방은 침해자여야 한다. 제3자에 대하여 행하여졌다면 긴급피난이 성립될 수 있다.

(3) 방위의사

정당방위의 주관적 정당화요소로서 반드시 필요하다.

3. 상당한 이유

(1) 의의

"침해에 대한 방위가 사회상규에 비추어 상당한 정도를 넘지 아니하고 당연시 되는 것"

(2) 필요성과 적합성이 필요하다.

1) 신발을 절취하는 절도범을 조준하여 사격하는 것 = 상당성 결여

2) 폭행에 의하여 지갑을 강취하는 강도범과 격투 중 칼로 찌른 경우
= 상당성 있음

3) 임차인이 임대차기간이 만료되었음에도 집을 비워주지 않자 임대인이 임차인을 밀어 문밖으로 내쫓은 행위 - 정당방위 부정

4) 평소 성격장애와 우울증으로 가족을 괴롭혀 오던 아들 을이 식도를 들고 자해소동을 벌이자, 아버지와 다른 아들이 아파트 베란다에서 을을 밀어 넘어뜨려 척추골절상 입힌 경우 - 정당방위는 부정되나, 과잉방위에 해당

5) **【판례】(대법원 1989.8.8. 선고 89도358 판결)**
갑과 을이 공동으로 인적이 드문 심야에 혼자 귀가중인 병녀에게 뒤에서 느닷없이 달려들어 양팔을 붙잡고 어두운 골목길로 끌고들어가 담벽에 쓰러뜨린 후 갑이 음부를 만지며 반항하는 병녀의 옆구리를 무릎으로 차고 억지로 키스를 함으로 병녀가 정조와 신체를 지키려는 일념에서 엉겁결에 갑의 혀를 깨물어 설절단상을 입혔다면 병녀의 범행은 자기의 신체에 대한 현재의 부당한 침해에서 벗어나려고 한 행위로서 그 행위에 이르게 된 경위와 그 목적 및 수단, 행위자의 의사등 제반사정에 비추어 위법성이 결여된 행위이다.

6) **【판례】(대법원 1959.7.24. 선고 4291형상556 판결)**
싸우던 중 패주하는 피해자를 추격하여 그가 소지한 식도를 탈취하여 찔러 죽인 행위는 정당방위 부정한 사례

(2) 보충성과 균형성은 필요치 않다.

1) 보충성 - "법익을 방어하기 위한 유일한 수단"임을 요하지 않는다.
2) 균형성 - "보호법익이 침해된 이익보다 같거나 우월해야"함을 요하지 않는다.

Ⅲ. 정당방위권의 제한 (정당방위의 사회윤리적 제한)

1. 정당방위권 제한의 의미 - 권리남용금지의 원칙

2. 정당방위권 제한의 근거 - 권리남용의 이론, 상당성의 원칙 이론, 기대가능성 이론, 정당방위 기본원리, 법질서 수호의 관점

3. 문제되는 상황유형

(1) 책임 없는 자의 침해에 대한 방위 -
어린아이, 정신병자, 만취자 등 책임능력이 결여된 자로부터 공격을 받았을 경우

【판례】 (대법원 1970.9.17. 선고 70도1473 판결)
절도범으로 오인받은 자가 야간에 군중들로부터 무차별 구타를 당하자 이를 방위하기 위하여 소지하고 있던 손톱깍기 칼을 휘둘러 상해를 입힌 행위는 정당방위에 해당한다.

【해설】 군중들은 절도범으로 오인하여 현행범을 체포한다는 생각에 구타를 하였던바 이들의 현행범 체포라고 오인한 행위는 위법성조각사유의 전제사실에 대한 착오로서 오상정당행위로 다수설인 법효과제한설에 의하면 책임고의가 조각되어 불가벌이다. 그러므로 절도범으로 오인 받은 자는 '책임 없는 자의 침해행위'에 대한 방위가 된다.

(2) 보증관계에 있는 자의 침해에 대한 방위
- 방위행위자에게 상반된 보호의무가 있는 경우
- 특별한 의무관계 : 부부, 친족 등과 같이 밀접한 개인적 관계
- "부진정부작위범의 보증인적 지위"

【판례】 (대법원 2001.5.15. 선고 2001도1089 판결)
이혼소송 중인 남편이 찾아와 가위로 폭행하고 변태적 성행위를 강요하는 데에 격분하여 처가 칼로 남편의 복부를 찔러 사망에 이르게 한 경우, 그 행위는 방위행위로서의 한도를 넘어선 것으로 사회통념상 용인될 수 없다는 이유로 정당방위나 과잉방위에 해당하지 않는다고 본 사례.

【해설】 부인은 남편에 대하여 부부로서 서로 보증관계에 있으므로 회피 가능성이 있는 경우에는 피하거나, 피할 수 없는 막다른 상황에서도 보호방위에 그쳐야 한다.

(3) 극히 경미한 침해에 대한 방위 - 침해법익과 보호법익간의 현저한 불균형

【판례】 (대법원 1984.9.25. 선고 84도1611 판결)
피고인이 그 소유의 밤나무 단지에서 피해자 (갑)이 밤 18개를 푸대에 주워 담는것을 보고 푸대를 빼앗으려다 반항하는 피해자의 뺨과 팔목을 때려 상처를 입혔다면 위 행위가 비록 피해자의 절취행위를 방지하기 위한 것이었다 하여도 긴박성과 상당성을 결여하여 정당방위라고 볼 수 없다.

(4) 도발된 침해에 대한 방위 - 정당방위가 허용되지 않거나 제한된다.

1) 판례

언쟁 중 싸우다가 상해를 입힌 행위는 서로 유발한 것
일련의 쟁투 중에 이루어진 구타행위는 서로 유발한 것
따라서 정당방위가 허용되지 않는다.

【판례】(대법원 1993.8.24. 선고 92도1329 판결)
피해자 일행 중 1명의 뺨을 때린 데에서 비롯된 가해자 등의 행위는 피해자 일행의 부당한 공격을 방위하기 위한 것이라기보다는 **서로 공격할 의사로 싸우다가 먼저 공격을 받고 이에 대항하여 가해하게 된 것이라고 봄이 상당**하고 이와 같은 싸움의 경우 가해행위는 방어행위인 동시에 공격행위의 성격을 가지므로 정당방위 또는 과잉방위행위라고 볼 수 없다.

2) cf. 목적에 의한 도발 - 정당방위 성립 부정

【판례】(대법원 1983.9.13. 선고 83도1467 판결)
피고인이 피해자를 살해하려고 먼저 가격한 이상 피해자의 반격이 있었더라도 피해자를 살해한 소위가 정당방위에 해당한다고 볼 수 없다.

3) cf. 책임 있는 도발

[사례] 을이 출장을 갔다가 돌아와 집에 들어가 보니 처 병은 내실에서 정부 갑과 내의만을 입고 누워있었다. 을은 갑과 병이 간통한 것으로 판단하고 도망하려는 갑을 잡고 죽여 버린다고 하면서 주먹으로 얼굴을 수회 때렸다. 을이 계속 덤벼들자 갑은 빈 맥주병으로 을의 머리를 때려 상처를 입고 도망하였다.
갑과 을의 형사책임은?

① 갑의 죄책
 i) 갑이 을의 집에 들어간 것이 주거침입죄가 성립하는가
 ii) 갑이 맥주병으로 때린 행위 -
  폭처법 해당 → 정당방위?
  자초위난에 해당되는가? → 그렇다면 정당방위 불성립

② 을의 죄책
을의 폭행은 현재의 침해에 대한 방어행위라고 할 수 없으며, 주거침입에 관하여는 방위의사를 인정할 수 없으므로(도망하려는 갑을 잡고...), 정당방위 요건에 해당하지 않는다.

Ⅳ. 과잉방위

1. 형법 제21조 2항 (임의적 감면)

방위행위가 그 정도를 초과한 때에는 정황에 의하여 그 형을 감경 또는 면제할 수 있다.

2. 형법 제21조 3항 (책임조각으로 무죄)

그 행위가 야간 기타 불안스러운 상태 하에서의 공포, 경악, 흥분 또는 당황으로 인한 때에는 벌하지 아니한다.

【판례】 (대법원 1974.2.26. 선고 73도2380 판결)

피고인이 그의 처와 함께 극장구경을 마치고 귀가하는 도중 피해자가 피고인의 여조카들에게(음경을 내놓고 소변을 보면서) 키스를 하자고 달려드는 것을 피고인이 술에 취했으니 집에 돌아가라고 타이르자 도리어 피고인의 처를 땅에 넘어뜨려 돌로서 피고인의 처를 때리려는 순간 피고인이 그 침해를 방위하기 위하여 농구화 신은 발로서 위 피해자의 복부를 한차례 차서 그 사람으로 하여금 사망에 이르게 한 경우, 피고인의 이 행위는 당시 야간에 술이 취한 위 피해자의 불의의 행패와 폭행으로 인한 불안스러운 상태에서의 공포, 경악, 흥분 또는 당황에 기인되었던 것이므로 형법 제21조제3항을 적용하여 무죄이다.

제3절 긴급피난

Ⅰ. 긴급피난의 의의 및 법적 성질

1. 의의

(1) 긴급피난 또는 정당행위가 긍정되는 경우

【판례】(대법원 1976.7.13. 선고 75도1205 판결)
임신의 지속이 모체의 건강을 해칠 우려가 현저할 뿐더러 기형아 내지 불구아를 출산할 가능성마저도 없지 않다는 판단 하에 부득이 취하게 된 산부인과 의사의 낙태 수술행위는 정당행위 내지 긴급피난에 해당되어 위법성이 없는 경우에 해당된다.

(2) 부정되는 경우

【판례】(대법원 1995.1.12. 선고 94도2781 판결)
피고인이 스스로 야기한 강간범행의 와중에서 피해자가 피고인의 손가락을 깨물며 반항하자 물린 손가락을 비틀며 잡아 뽑다가 피해자에게 치아결손의 상해를 입힌 소위를 가리켜 법에 의하여 용인되는 피난행위라 할 수 없다.

2. 정당방위와의 구별

(1) 침해행위의 위법성 여부 : 정당방위는 위법한 침해에 대하여 가능하지만, 긴급피난은 위법한 침해에 대하여도, 적법한 침해에 대하여도 가능하다.

(2) 행위의 상대방 : 정당방위는 침해자에 대하여 가능하지만, 긴급피난은 위난을 유발한 자에 대하여도 가능하고, 제3자에 대하여도 가능하다.

(3) 상당한 이유 : 최소침해성, 균형성(우월적이익의 원칙), 보충성(최후수단성)이 정당방위에서는 요구되지 않지만, 긴급피난에서는 요구된다.

(4) 구체적 사례
예를 들어, 맹견을 피하여 갑의 집으로 뛰어든 을에게, 갑이 을의 행위가 강도의 목적으로 자기 집에 들어온 것으로 알고 을의 다리를 걸어 넘어뜨려 밖으로 끌어내어 결국 개에게 물렸다.

갑의 행위는?
오상방위 (위법성조각사유의 전제사실에 관한 착오)

Ⅱ. 긴급피난의 성립요건

1. 자기 또는 타인의 법익에 대한 현재의 위난 (법익의 충돌상황)

(1) 자기 또는 타인의 법익 : 모든 개인적 법익(생명,신체,자유,명예,재산 등), 사회적 법익, 국가적 법익을 포함한다.

(2) 현재성 : 정당방위의 현재성보다 시간적으로 앞선 경우도 포함한다. 예방적 긴급피난상황의 경우에도 긴급피난은 가능하다.

(3) 위난 : 위난은 인간의 행위인지 여부, 위법한지 여부를 묻지 않는다. 자초위난은 원칙적으로 불가하나, 예외적으로 상당성이 인정되는 경우 긴급피난 가능하다.

2. 피난행위와 피난의사

(1) 방어적 긴급피난, 공격적 긴급피난 모두 가능하다.
(2) 피난의사 - 주관적 정당화요소 필요

3. 상당한 이유

(1) 균형성 (이익형량, 우월적 이익 원칙)

【판례】(대법원 1987.1.20. 선고 85도221 판결)- 긴급피난이 인정된 자초위난
선박의 이동에도 새로운 공유수면점용허가가 있어야 하고 휴지선을 이동하는 데는 예인선이 따로 필요한 관계로 비용이 많이 들어 **다른 해상으로 이동을 하지 못하고 있는 사이에 태풍을 만나게 되고 그와 같은 위급한 상황에서 선박과 선원들의 안전을 위하여 사회통념상 가장 적절하고 필요불가결하다고 인정되는 조치(선박의 닻줄을 7샤클(175미터)로 묘박)를 취하였다면 그로인해 근처의 피조개양식장에 피해를 주었더라도** 형법상 긴급피난으로서 위법성이 없어서 범죄가 성립되지 아니한다고 보아야 하고 미리 선박을 이동시켜 놓아야 할 책임을 다하지 아니함으로써 위와 같은 긴급한 위난을 당하였다는 점만으로는 긴급피난을 인정하는데 아무런 방해가 되지 아니한다.

일반적으로 피난자의 의도 또는 고의에 의해 초래된 자초위난에 있어서는 긴급피난이 허용되지 않는다. (94도2781)

(2) 보충성 (최후수단성 원칙)

【판례】 (대법원 1990.8.14. 선고 90도870 판결)
집회장소 사용 승낙을 하지 않은 갑대학교측의 집회 저지 협조요청에 따라 경찰관들이 갑대학교 출입문에서 신고 된 갑대학교에서의 집회에 참가하려는 자의 출입을 저지하자 신고 없이 을대학교로 장소를 옮겨서 집회를 한 경우, 옥외집회 또는 시위가 개최될 것이라는 것을 관할 경찰서가 알고 있었다거나 그 집회 또는 시위가 평화롭게 이루어진다 하여 신구 집회및시위에관한법률 소정의 신고의무가 면제되는 것이라고는 할 수 없으므로 소정의 신고서 제출 없이 이루어진 옥외집회 또는 시위를 사회상규에 반하지 아니하는 정당한 행위라고 할 수는 없다.

(3) 적합성 (적합한 수단의 원칙)

【판례】 (대법원 2004.4.27. 선고 2002도315 판결)
피고인들이 확성장치 사용, 연설회 개최, 불법행렬, 서명날인운동, 선거운동기간 전 집회 개최 등의 방법으로 **특정 후보자에 대한 낙선운동을 함으로써 공직선거및선거부정방지법에 의한 선거운동제한 규정을 위반한 피고인들의 같은 법 위반의 각 행위**는 위법한 행위로서 허용될 수 없는 것이고, 피고인들의 위 각 행위가 시민불복종운동으로서 헌법상의 기본권 행사 범위 내에 속하는 정당행위이거나 형법상 사회상규에 위반되지 아니하는 정당행위 또는 긴급피난의 요건을 갖춘 행위로 볼 수는 없다.

Ⅲ. 긴급피난의 특칙

1. 제22조2항(긴급피난)

위난을 피하지 못할 책임이 있는 자에 대하여는 전항의 규정을 적용하지 아니한다. (군인,경찰,소방,의사)

2. 다만, 위의 자들에게 긴급피난이 완전히 금지되는 것은 아니다.

Ⅳ. 의무의 충돌

1. 개념

의무자에게 동시에 이행해야 할 둘 또는 그 이상의 법적 의무가 존재하여, 즉 다수의 법적 의무가 서로 충돌하여 그 중 어느 한 의무를 이행하고 다른 의무를 이행하지 못한 것이 형벌 법규에 저촉되는 경우

2. 의무 충돌의 범위

(1) 의무의 충돌은 실질적 충돌이 있어야 한다. '논리적 충돌'은 실질적 충돌이 되지 아니한다.

(2) 작위의무와 작위의무의 충돌은 진정한 의미의 의무의 충돌이다.
그러나, 부작위의무와 부작위의무의 충돌은 발생치 않고,
작위의무와 부작위의무의 충돌은 긴급피난으로 해결가능하다.

3. **법적 성질** : 다수설은 긴급피난의 특수한 경우라고 본다. 위법성 조각.

책임 조각의 의무충돌: 생명 대 생명과 같이 법익형량이 불가능하거나 동가치의 의무가 충돌한 경우, 낮은 가치의 의무를 이행하였으나 양자 사이의 가치 차이가 상당한 정도를 초과하지않는 경우 면책적 긴급피난으로 인정될 수 있다.

4. 의무의 충돌 유형별 법적 취급

(1) 동등한 가치간의 작위의무와 부작위의무가 충돌하는 경우는 부작위의무가 작위의무에 우선한다.

(2) 동일한 조건하에서는 보증의무가 협조의무보다 우선한다.
의사가 환자 갑이 위급하여 집으로 왕진을 가던 도중 교통사고로 위독한 환자 을을 발견하였다. 이때 의사는..환자 갑에 대한 보증의무가 우선한다.

5. 의무의 충돌 성립요건

(1) 법적 의무가 충돌하여야 한다.
도덕적, 종교적의무의 충돌은 제외된다. 성직자가 자기에게 부여된 종교적 의무를 이행하기 위하여 법적의무를 이행하지 않은 경우에는 의무의 충돌이 아니다.

(2) 주관적 정당화 요소가 필요하다.
① (의무의 충돌에 대한) 행위자의 인식
② 높은 가치 또는 같은 가치 의무 중 하나를 이행한다는 인식

제4절 자구행위

Ⅰ. 의의 및 법적 성질

제23조1항(자구행위)
법정절차에 의하여 청구권을 보전하기 불능한 경우 그 청구권의 실행불능 또는 현저한 실행곤란을 피하기 위한 행위는 상당한 이유가 있는 때에는 벌하지 아니한다.

Ⅱ. 성립요건

1. 자구행위상황

불법한 청구권침해가 있고, 법정절차에 의한 청구권보전이 불가능한 경우

(1) 청구권

1) 청구권이 물권, 채권(무체재산권 포함)을 불문하고 나아가 재산권일 것을 요하지 않으므로 친속권이나 상속권에 기한 각종 청구권도 해당된다.(통설)
2) 자기의 청구권에 대하여 가능한 것이지, 타인을 위해서는 불가하다.
3) 보전 가능한 권리이어야 한다.

【판례】 명예훼손에 대한 자구행위 (대법원 1969.12.30. 선고 69도2138 판결)
피해자가 다른 친구들 앞에서 피고인의 전과사실을 폭로함으로써 명예를 훼손하기 때문에 동인에게 유리컵을 깨어 빰을 찔러 안면부 창상을 입힌 경우, 그 소행은 자구행위에 해당한다고 할 수 없다.

(2) 청구권에 대한 불법한 침해

1) 과거의 침해에 대한 사후적 긴급행위이다.

(3) 법정절차에 의한 청구권 보전의 불가능

1) 법정절차 - 민사집행법상의 가압류, 가처분 같은 청구권보전절차를 의미한다.
2) 이는 보충성의 원칙을 의미한다.

【판례】(대법원 1975.5.27. 선고 74도3559 판결)

피고인이 갑에게 채무 없이 단순히 잠시 빌려준 피고인 발행 약속어음을 갑이 을에게 배서양도하여 을이 소지 중 피고인이 이를 찢어버린 경우, 피고인이 이 어음으로부터 오는 재산상의 손실을 방지하고자 한 행위였다 하더라도, 피고인은 이러한 경우 적법한 절차에 의하여 이를 다툴 성질의 것이라 할 것이므로, 이에 의하지 아니한 피고인의 소위를 재산상의 손실을 방지하기 위한 자구행위 또는 긴급피난이라고 볼 수 없다.

【판례】(대법원 1985.7.9. 선고 85도707 판결)

소유권의 귀속에 관한 분쟁이 있어 민사소송이 계속 중인 건조물에 관하여 현실적으로 관리인이 있음에도 위 건조물의 자물쇠를 쇠톱으로 절단하고 침입한 소위는 법정절차에 의하여 그 권리를 보전하기가 곤란하고 그 권리의 실행불능이나 현저한 실행곤란을 피하기 위해 상당한 이유가 있는 행위라고 할 수 없다.

2. 자구행위 및 자구의사

청구권의 실행불능 또는 실행곤란을 피하기 위한 행위

3. 상당한 이유

(1) 보충성의 원칙

(2) 균형성의 원칙 - 긴급피난 정도의 엄격한 균형성이 요구되는 것은 아니다.

(3) 적합성의 원칙 - 청구권 보전 범위를 벗어나 재산을 임의로 처분하거나 이행을 받는 것은 자구행위가 아니다.

Ⅲ. 과잉자구행위, 오상자구행위

1. 과잉자구행위는 과잉방위나 과잉피난과 동일하다. (제23조2항)
2. 다만, 야간 기타 불안스러운 상태에서 공포 경악 흥분 또는 당황으로 인한 과잉방위 및 과잉피난시 벌하지 아니한다는 조항은 과잉자구행위에는 적용되지 아니한다.

부산2015노1466
갑이 집회 장면을 카메라로 촬영하자 집회참가자인 피고인이 영상을 지워달라고 요구하면서 갑이 메고 있던 가방 줄을 붙잡고 밀고 당기는 등의 폭행을 하였다는 내용으로 기소된 사안에서, 갑은 적법하게 집회신고를 한 후 집회활동을 하고 있던 피고인 등 집회참가자들의 동의 없이 얼굴을 불과 1~2m 거리를 두고 근접하여 촬영한 점, 당시 피고인은 사이비종교 피해자들 약 500여 명과 사이비종교단체의 위험성을 알리는 취지의 집회를 하였는데, 집회참가자들의 신체적 정보가 담긴 영상이 사이비종교단체에 전송되면 이들 단체의 보복행위 대상이 되는 것이 염려되어 얼굴이 촬영된 영상을 삭제해 달라고 요청하였으나 응하지 아니하였고, 주변에 있던 경찰관의 도움을 받아 촬영한 영상을 삭제하도록 재차 요구하였으나 완강히 거부한 점 등에 비추어 볼 때, 피고인의 행위는 형법 제20조의 정당행위 또는 형법 제23조의 자구행위에 해당하여 위법성이 없다는 이유로 무죄를 선고한 사례.

서울고등 2005노502
중소기업체 사장 등이 고의로 부도를 내고 잠적한 거래업자를 찾아내어 감금한 후 약속어음 등을 강취하고 지불각서 등을 강제로 작성하게 한 행위가, 사기 피해액 상당의 민사상 청구권을 통상의 민사소송 절차 등 법정 절차로 보전하기가 사실상 불가능한 경우에 그 청구권의 실행불능 내지 현저한 실행곤란을 피하기 위한 행위로서 상당한 이유가 있으나, 위법성이 조각되는 자구행위의 정도를 초과하였으므로 과잉자구행위에 해당한다고 한 사례.

제5절 피해자의 승낙

Ⅰ. 개념

1. **양해** - 법익의 주체가 타인에게 자기 법익에 대한 침해를 허용하는 것이 **구성요건을 조각하는 경우**
2. **피해자의 승낙** - 법익의 주체가 타인에게 자기 법익에 대한 침해를 허용하는 것이 **위법성을 조각하는 경우**

[참고] 승낙 *

1. 구성요건이 조각되는 경우(양해) - 절도, 강간, 강제추행, 주거침입
2. 구성요건이 변경되는 피해자의 승낙 - 보통살인죄가 촉탁·승낙살인죄로, 부동의낙태죄가 동의낙태죄로 변경
3. 피해자의 승낙이 범죄성립에 영향이 없는 경우 - 13세 미만자 간음·추행죄, 피구금부녀간음죄, 아동혹사죄

피해자가 살인을 승낙하지 않았음에도 불구하고 승낙이 있다고 오인하고 피해자를 살해한 경우에는 제15조1항에 의해(경한 죄의 고의로 중한 죄를 범한 것이므로) 촉탁·승낙살인죄가 성립한다(통설). 위법성조각사유의 전제사실 착오가 아니다!

제305조(미성년자에 대한 간음, 추행) 13세 미만의 사람에 대하여 간음 또는 추행을 한 자는 제297조, 제297조의2, 제298조, 제301조 또는 제301조의2의 예에 의한다.

2014도11501 판결

Ⅱ. 피해자의 승낙

1. 의의

제24조(피해자의 승낙) 처분할 수 있는 자의 승낙에 의하여 그 법익을 훼손한 행위는 법률에 특별한 규정이 없는 한 벌하지 아니한다.

2. 피해자의 승낙의 성립요건

(1) 승낙의 주체 : 법익주체의 승낙이어야 한다. 대리승낙은 예외적으로 허용된다.

(2) 승낙이 가능한 범위는 처분 가능한 법익이어야 한다.
국가적 법익, 사회적 법익은 승낙대상이 아니다. (증인이 피고인의 승낙을 받아 피고인에게 불리한 허위의 진술을 한 경우에 위증죄의 위법성은 조각되지 아니한다.)

(3) 승낙의 시기 : 사전적 승낙이어야 한다.

(4) 승낙의 유효성 : 유효한 의사표시에 의한 승낙이어야 한다.

【판례】(대법원 1993.7.27. 선고 92도2345 판결)
산부인과 전문의 수련과정 2년차인 의사가 자신의 시진, 촉진결과 등을 과신한 나머지 초음파검사 등 피해자의 병증이 자궁외 임신인지, 자궁근종인지를 판별하기 위한 정밀한 진단방법을 실시하지 아니한 채 피해자의 병명을 자궁근종으로 오진하고 이에 근거하여 의학에 대한 전문지식이 없는 피해자에게 자궁적출술의 불가피성만을 강조하였을 뿐 위와 같은 진단상의 과오가 없었으면 당연히 설명 받았을 자궁외 임신에 관한 내용을 설명 받지 못한 피해자로부터 수술승낙을 받았다면 위 승낙은 부정확 또는 불충분한 설명을 근거로 이루어진 것으로서 수술의 위법성을 조각할 유효한 승낙이라고 볼 수 없다라고 하여 업무상 과실치사상죄의 성립을 인정한 사례.

환자의 생명포기 의사표시에 대하여, 「**스피스 · 완화의료 및 임종과정에 있는 환자의 연명의료결정에 관한 법률**」촉탁살인죄의 구성요건에는 해당되나, 피해자의 의사표시에 기한 법령에 의한 행위로서 극히 한정적으로 해석되어야 할 위법성조각사유이다.

3. 주관적 정당화요소

Ⅲ. 추정적 승낙

1. 승낙의 추정은 행위 시에 없으면 피해자의 추인을 받더라도 성립되지 아니함
2. 추정은 객관적 추정이어야 한다.

【판례】(대법원 2006.3.24. 선고 2005도8081 판결)
[1] 피고인들이 자신들의 피해자에 대한 물품대금 채권을 다른 채권자들보다 우선적으로 확보할 목적으로 피해자가 부도를 낸 다음날 새벽에 피해자의 승낙을 받지 아니한 채 피해자의 가구점의 시정장치를 쇠톱으로 절단하고 그곳에 침입하여 시가 16,000,000원 상당의 피해자의 가구들을 화물차에 싣고 가 다른 장소에 옮겨 놓은 행위에 대하여, 형법상 **자구행위**라 함은 법정절차에 의하여 청구권을 보전하기 불능한 경우에 그 청구권의 실행불능 또는 현저한 실행곤란을 피하기 위한 상당한 행위를 말하는 것인바, 이 사건에서 피고인들에 대한 채무자인 피해자가 부도를 낸 후 도피하였고 다른 채권자들이 채권확보를 위하여 피해자의 물건들을 취거해 갈 수도 있다는 사정만으로는 피고인들이 법정절차에 의하여 자신들의 피해자에 대한 청구권을 보전하는 것이 불가능한 경우에 해당한다고 볼 수 없을 뿐만 아니라, 또한 피해자 소유의 가구점에 관리종업원이 있음에도 불구하고 위 가구점의 시정장치를 쇠톱으로 절단하고 들어가 가구들을 무단으로 취거한 행위가 피고인들의 피해자에 대한 청구권의 실행불능이나 현저한 실행곤란을 피하기 위한 상당한 이유가 있는 행위라고도 할 수 없다.
[2] 추정적 승낙이란 피해자의 현실적인 승낙이 없었다고 하더라도 행위 당시의 모든 객관적 사정에 비추어 볼 때 만일 피해자가 행위의 내용을 알았더라면 당연히 승낙하였을 것으로 예견되는 경우를 말하는바, 기록에 비추어 살펴보면, 원심이 그 판시와 같은 사정을 인정한 다음 피고인들이 피해자의 가구들을 취거할 당시 피해자의 추정적 승낙이 있다고 볼 수 없다.

제6절 정당행위

Ⅰ. 의의

제20조(정당행위) 법령에 의한 행위 또는 업무로 인한 행위 기타 사회상규에 위배되지 아니하는 행위는 벌하지 아니한다.

Ⅱ. 법령에 의한 행위

1. 공무원의 직무집행행위

(1) 법령에 의한 직무집행행위

【판례】 (대법원 1996.7.30. 선고 95도2408 판결)
경찰공무원법의 규정 취지는 경찰공무원이 직무수행을 위하여 필요하다고 인정되는 경우에 한하여 무기를 휴대할 수 있다는 것뿐이지, 경찰관이라 하여 허가 없이 개인적으로 총포 등을 구입하여 소지하는 것을 허용하는 것은 아니다.

【판례】 (대법원 1971.3.9. 선고 70도2406 판결)
법정의 절차 없이 피해자를 경찰서보호실에 감금한 행위는 수사목적달성을 위하여 적절한 행위라고 믿고 한 정당행위라 할 수 없고 직무상의 권능을 행사함에 있어서 법정의 조건을 구비하지 아니하고 이를 행사한 것은 곧 직권을 남용하여 불법감금한 것에 해당한다.

(2) 상관의 명령에 의한 행위 - 상관의 명령이 적법하여야 한다.

【판례】 (대법원 1999.4.23. 선고 99도636 판결)
공무원이 그 직무를 수행함에 즈음하여 상관은 하관에 대하여 범죄행위 등 위법한 행위를 하도록 명령할 직권이 없는 것이며, 또한 하관은 소속 상관의 적법한 명령에 복종할 의무는 있으나 그 명령이 **대통령 선거를 앞두고 특정후보에 대하여 반대하는 여론을 조성할 목적으로 확인되지도 않은 허위의 사실을 담은 책자를 발간·배포하거나 기사를 게재하도록 하라는 것과 같이 명백히 위법 내지 불법한 명령**인 때에는 이는 벌써 직무상의 지시명령이라 할 수 없으므로 이에 따라야 할 의무가 없다.

2. 징계행위

(1) 친권자, 후견인의 징계행위 - 민법 제915조

【판례】(1986.7.8. 선고 84도2922 판결)
4세인 아들이 대소변을 가리지 못한다고 닭장에 가두고 전신을 구타하는 것은 친권자의 징계권 행사에 해당한다고 볼 수 없어 정당행위가 부정된다.

(2) 학교장의 징계행위

【판례】(구)초·중등교육법령에 따른 판례 (대법원 2004.6.10. 선고 2001도5380 판결)
초·중등교육법령에 따르면 교사는 학교장의 위임을 받아 교육상 필요하다고 인정할 때에는 **징계**를 할 수 있고 징계를 하지 않는 경우에는 그 밖의 방법으로 **지도**를 할 수 있는데 **그 지도에 있어서는 교육상 불가피한 경우에만 신체적 고통을 가하는 방법인 이른바 체벌로 할 수 있고** 그 외의 경우에는 훈육, 훈계의 방법만이 허용되어 있는바, 교사가 학생을 징계 아닌 방법으로 지도하는 경우에도 징계하는 경우와 마찬가지로 교육상의 필요가 있어야 될 뿐만 아니라 특히 학생에게 신체적, 정신적 고통을 가하는 체벌, 비하하는 말 등의 언행은 **교육상 불가피한 때에만 허용**되는 것이어서, 학생에 대한 폭행, 욕설에 해당되는 지도행위는 학생의 잘못된 언행을 교정하려는 목적에서 나온 것이었으며 다른 교육적 수단으로는 교정이 불가능하였던 경우로서 그 방법과 정도에서 사회통념상 용인될 수 있을 만한 객관적 타당성을 갖추었던 경우에만 법령에 의한 정당행위로 볼 수 있을 것이다.

【판례】(대법원 1991.5.14. 선고 91도513 판결)
교사가 학생을 엎드러지게 한 후 몽둥이와 당구큐대로 그의 둔부를 때려 3주간의 치료를 요하는 우둔부심부혈종좌이부좌상을 입혔다면 비록 학생주임을 맡고 있는 교사로서 제자를 훈계하기 위한 것이었다 하더라도 이는 징계의 범위를 넘는 것으로서 형법 제20조의 정당행위에는 해당하지 아니한다.

[*] 하지만 개정된 현행법에 따르면 교사의 지도행위로서의 체벌은 더 이상 법령에 의한 정당행위로 인정되기 어려워 보인다.

(3) 소년원장 또는 소년분류심사원장의 징계행위 - 소년원법 제8조

> 개정된 현행법
> ① 초중등교육법 제18조1항 (학생의 징계)
> 학교의 장은 교육상 필요한 경우에는 법령과 학칙으로 정하는 바에 따라 학생을 징계하거나 그 밖의 방법으로 지도할 수 있다. 다만 의무교육을 받고 있는 학생은 퇴학시킬 수 없다.
> [개정 2012.3.21.]
>
> ② 초중등교육법 시행령 제31조8항
> 학교의 장은 법 제18조 제1항 본문에 따라 지도를 할 때에는 학칙으로 정하는 바에 따라 훈육·훈계 등의 방법으로 하되, 도구·신체 등을 이용하여 학생의 신체에 고통을 가하는 방법을 사용해서는 아니 된다.
> [개정 2011.3.18.]

3. 사인의 현행범인 체포 - 형소법 제212조

타인의 주거에 침입하는 행위는 허용되지 아니함

【판례】(대법원 1999.1.26. 선고 98도3029 판결)
[1] 현행범인은 누구든지 영장 없이 체포할 수 있으므로 사인의 현행범인 체포는 법령에 의한 행위로서 위법성이 조각된다고 할 것인데, 현행범인

체포의 요건으로서는 행위의 가벌성, 범죄의 현행성·시간적 접착성, 범인·범죄의 명백성 외에 체포의 필요성 즉, 도망 또는 증거인멸의 염려가 있을 것을 요한다.
[2] **적정한 한계를 벗어나는 현행범인 체포행위는 그 부분에 관한 한 법령에 의한 행위로 될 수 없다고 할 것이나, 적정한 한계를 벗어나는 행위인가 여부는 결국 정당행위의 일반적 요건을 갖추었는지 여부에 따라 결정**되어야 할 것이지 그 행위가 소극적인 방어행위인가 적극적인 공격행위인가에 따라 결정되어야 하는 것은 아니다.
[3] **피고인의 차를 손괴하고 도망하려는 피해자를 도망하지 못하게 멱살을 잡고 흔들어 피해자에게 전치 14일의 흉부찰과상을 가한 경우**, 정당행위에 해당한다고 본 사례.

【판례】(대법원 1965.12.21. 선고 65도899 판결)
현행범을 추적하여 그 범인의 부의 집에 들어가서 동인과 시비 끝에 상해를 입힌 경우에 주거침입죄가 성립한다.

4. 노동 쟁의행위

【판례】(대법원 2003.12.26. 선고 2001도1863 판결)
노동쟁의는 특별한 사정이 없는 한 그 절차에 있어 조정절차를 거쳐야 하는 것이지만, 이는 반드시 노동위원회가 조정결정을 한 뒤에 쟁의행위를 하여야만 그 절차가 정당한 것은 아니라고 할 것이고, **노동조합이 노동위원회에 노동쟁의 조정신청을 하여 조정절차가 마쳐지거나 조정이 종료되지 아니한 채 조정기간이 끝나면 조정절차를 거친 것으로서 쟁의행위를 할 수 있으므로** 그 쟁의행위는 정당행위에 해당한다.

【판례】(대법원 2010.3.11. 선고 2009도5008 판결)
사용자 甲이 건물의 6층부터 9층까지를 사용하고 제3자 乙이 건물의 2층부터 5층까지 사용하면서 건물의 1층 로비부분은 **甲과 乙이 공동으로 관리·사용하는 경우**에, 甲의 근로자들이 甲에 대한 쟁의행위를 이유로 1층 로비부분을 침입·점거한 것이 사용자 甲에 대한 관계에서 정당한 쟁의행위로 평가될 수 있다하더라도 제3자 乙에 대하여는 정당행위에 해당하지 아니한다.

Ⅲ. 업무로 인한 행위

1. 의사의 치료행위

【판례】(대법원 1978.11.14. 선고 78도2388 판결)
의사가 인공분만기인 샥손을 사용하면 통상 약간의 상해정도가 있을 수 있으므로 그 상해가 있다하여"샥숀"을 거칠고 험하게 사용한 결과라고는 보기 어려워 의사의 정당업무의 범위를 넘은 위법행위라고 할 수 없다.

2. 변호사나 성직자의 업무행위

【판례】 (대법원 1983.3.8. 선고 82도3248 판결)
성직자라 하여 초법규적인 존재일 수는 없으며 성직자의 직무상 행위가 사회상규에 반하지 아니한다 하여 그에 적법성이 부여되는 것은 그것이 성직자의 행위이기 때문이 아니라 그 직무로 인한 행위에 정당, 적법성을 인정하기 때문인 바, **사제가 죄지은 자를 능동적으로 고발하지 않는 것에 그치지 아니하고 은신처마련, 도피자금 제공등 범인을 적극적으로 은닉·도피케 하는 행위**는 사제의 정당한 직무에 속하는 것이라고 할 수 없다.

Ⅳ. 기타 사회상규에 위배되지 않는 행위

1. 사회상규의 의미

(1) 행위 동기나 목적의 정당성
(2) 행위의 수단이나 방법의 상당성
(3) 보호법익과 침해법익의 법익균형성
(4) 긴급성
(5) 보충성

2. 판례

(1) 소극적 방어행위

강제연행을 모면하기 위하여 소극적으로 상대방을 밀어붙인 행위, 채무변제를 요구하며 행패를 부리는 자를 뿌리치는 행위는 사회통념상 허용될 만한 정도의 상당성이 있다

【판례】(대법원 1982.2.23. 선고 81도2958 판결)
강제연행을 모면하기 위하여 팔꿈치로 뿌리치면서 가슴을 잡고 벽에 밀어붙인 행위는 소극적인 저항으로 사회상규에 위반되지 아니한다.

【판례】 (대법원 1992.3.10. 선고 92도37 판결)
피해자(남, 57세)가 술에 만취하여 아무런 연고도 없는 가정주부인 피고인의 집에 들어가 유리창을 깨고 아무데나 소변을 보는 등 행패를 부리고 나가자, 피고인이 유리창 값을 받으러 피해자를 뒤따라가며 그 어깨를 붙잡았으나, 상스러운 욕설을 계속하므로 더 이상 참지 못하고 잡고 있던 손으로 피해자의

어깨부분을 밀치자 술에 취하여 비틀거리던 피해자가 몸을 제대로 가누지 못하고 앞으로 넘어져 시멘트 바닥에 이마를 부딪쳐 1차성 쇼크로 사망한 경우, 피고인의 위와 같은 행위는 피해자의 부당한 행패를 저지하기 위한 본능적인 소극적 방어행위에 지나지 아니하여 사회통념상 용인될 수 있는 정도의 상당성이 있어 형법 제20조에 정한 정당행위에 해당한다.

(3) 자기 또는 타인의 권리를 실행하기 위한 행위

【판례】(대법원 1980.11.25. 선고 79도2526 판결)

피고인들이 비료를 매수하여 시비한 결과 딸기 묘목 또는 사과나무 묘목이 고사하자 그 비료를 생산한 회사에게 손해배상을 요구하면서 사장 이하 간부들에게 욕설을 하거나 응접탁자 등을 들었다 놓았다 하거나 현수막을 만들어 보이면서 시위를 할 듯한 태도를 보인 경우, 이는 손해배상청구권에 기인한 것으로서 그 방법이 사회통념상 인용된 범위를 일탈한 것이라고 단정하기는 어려우므로 공갈 및 공갈미수의 죄책을 인정할 수 없다.

(4) 경미한 불법

【판례】(대법원 1990.5.22. 선고 90도748 판결)

피해자가 술에 취하여 피고인에게 아무런 이유없이 시비를 걸면서 얼굴을 때리다가 피고인이 이를 뿌리치고 현장에서 도망가는 바람에 그가 땅에 넘어져 상처를 입은 사실이 인정된다면 피고인의 행위는 사회통념상 허용될 만한 정도의 상당성이 있는 행위로서 형법 제20조에 정한 정당행위에 해당되어 죄가 되지 아니한다.

정당방위는 不正대 正

야간 기타 불안스러운 상태에서 공포 경악 흥분 또는 당황으로 인한 과잉방위 및 과잉피난시 벌하지 아니한다는 조항은 과잉자구행위에는 적용되지 아니한다.

> 범죄성립을 조각하는 사유에 관한 설명 중 옳은 것은?
>
> ① 긴급피난의 본질을 위법성조각사유라고 볼 경우, 긴급피난행위에 대해서 정당방위는 인정되지 아니하나 긴급피난은 인정된다.(O)
>
> ② '정당한 사유' 없이 입영에 불응하는 사람을 처벌하는 「병역법」 제88조의 범죄에서 '정당한 사유'는 위법성조각사유이다.(X)
>
> ③ 자구행위가 야간이나 기타 불안스러운 상태하에서 공포, 경악, 흥분 또는 당황으로 인한 때에는 벌하지 아니한다.(X)
>
> ④ 처분할 수 있는 자의 승낙에 의하여 그 법익을 훼손한 행위는 법률에 특별한 규정이 있는 경우에만 벌하지 아니한다.(X)

제4장 책 임 론

제1절 책임이론

Ⅰ. 책임의 의의

위법한 행위에 대하여 행위자를 개인적으로 비난할 수 있느냐의 문제
행위자에 대한 비난가능성
의사형성의 비난가능성

[*] 민사책임과 형사책임

민사책임	형사책임
고의·과실	고의·예외적 과실
위험책임, 무과실책임	책임주의 관철

Ⅱ. 책임의 근거 (왜 범죄자를 비난하는가?)

1. 도의적 책임론

책임의 근거를 인간의 자유의사에서 찾는다.
적법행위를 할 수 있었음에도 불구하고 위법행위를 한 자에게 가해지는 도의적 비난이 책임이라는 이론 (비결정론)

2. 사회적 책임론

책임의 근거를 행위자의 반사회적 성격(사회적 위험성)에서 찾는다.
행위자가 사회방위처분을 받아야 할 지위가 책임이라는 이론 (결정론)

3. 인격적 책임론

책임의 근거를 행위의 위험성 및 행위자의 인격형성에서 찾는다.

형사책임은 1차적으로 행위책임이지만, 행위는 인격과 분리될 수 없으므로 그 책임은 전체적인 인격책임이 되어야 한다는 이론 (상대적 비결정론)

- 도의적 책임론(행위 책임론)과 사회적 책임론(행위자-성격-책임론)을 종합한 입장

Ⅲ. 책임의 본질

1. 심리적 책임론

(1) 책임의 본질 - 책임은 행위자의 심리적 관계로 이해. 고의 과실만 있으면 책임조건은 구비된다. 19C

(2) 책임의 요소 - ① 고의(사실인식+위법성인식), 과실
② 책임능력(책임의 구성요소는 아니고 전제일 뿐)

(3) 범죄체계 - 고전적 범죄체계론

2. 규범적 책임론 : 책임을 심리적 사실관계로 보지 않고 평가적 가치관계로 이해한다.

(1) 책임의 본질 - (구성요건에 해당하는 불법의) 비난가능성

(2) 책임의 요소 - 고의, 과실/책임능력/기대가능성

(3) 범죄체계 - 신고전적 범죄체계론

3. 순수한 규범적 책임론

(1) 책임의 본질 - 비난가능성

(2) 책임의 요소 - 책임능력/위법성의 인식/기대가능성

(3) 범죄체계 - 목적적 범죄체계론

4. 합일태적 책임론

합일태적 책임론에 따르면, 고의, 과실은 「구성요건요소로서의 지위」와 「책임형식으로서의 지위」를 함께 갖게되어, 2중적으로 기능한다고 본다.

(1) 책임의 본질 - 의사 형성의 비난가능성

(2) 책임의 요소 - 책임형식으로서의 고의, 과실
책임능력
위법성인식
기대가능성

(3) 범죄체계 - 합일태적(신고전적·목적적) 범죄체계론

제2절 책임능력

Ⅰ. 책임능력

1. 의의 : "歸責能力"을 의미.
형법은 책임능력의 의미에 관한 규정 없다. "상대적 비결정론"

2. 규정방법 : 생물학적 방법과 심리적 방법의 결합
형사미성년자와 농아자는 생물학적 판단방법만 사용한다.

3. 책임능력의 판단 기준 : 법률문제

일반적으로 의사, 정신의학자, 심리학자 등 전문가의 감정을 필요로 할 수도 있지만, 사물변별능력이나 의사결정능력의 유무판단은 궁극적으로 법관이 결정해야 하는 규범적 문제이다.

Ⅱ. 책임무능력자

1. 형사미성년자

(1) 14세 미만의 형사미성년자 (판례는 실제 나이를 기준으로 한다)

(2) 형벌을 과할 수 없으나 소년법에 의한 보호처분까지 배제하는 것은 아니다. 〔소년법(19세 미만자에 적용)은 10세 이상인 소년에 대하여 보호 처분할 수 있다〕

2. 심신상실자

(1) 의의

제10조(심신장애인) ① 심신장애로 인하여 사물을 변별할 능력이 없거나 의사를 결정할 능력이 없는 자의 행위는 벌하지 아니한다.

(2) 요건

1) 생물학적 요소 : 심신장애

치료감호 등에 관한 법률

제2조(치료감호대상자)
① 이 법에서 "치료감호대상자"란 다음 각 호의 어느 하나에 해당하는 자로서 치료감호시설에서 치료를 받을 필요가 있고 재범의 위험성이 있는 자를 말한다.
1. 「형법」 제10조제1항에 따라 벌할 수 없거나 같은 조 제2항에 따라 형이 감경(減輕)되는 심신장애인으로서 금고 이상의 형에 해당하는 죄를 지은 자

성폭법
제20조(「형법」 상 감경규정에 관한 특례)
음주 또는 약물로 인한 심신장애 상태에서 성폭력범죄(제2조제1항제1호의 죄는 제외한다)를 범한 때에는 「형법」 제10조제1항·제2항 및 제11조를 적용하지 아니할 수 있다.

2) **심리적 요소** : 사물변별능력 또는 의사결정능력이 없을 것

【판례】 (대법원 2007.2.8. 선고 2006도7900 판결)
형법 제10조에 규정된 심신장애는 **생물학적 요소**로서 정신병 또는 비정상적 정신상태와 같은 정신적 장애가 있는 외에 **심리학적 요소**로서 이와 같은 정신적 장애로 말미암아 사물에 대한 변별능력과 그에 따른 행위통제능력이 결여되거나 감소되었음을 요하므로, 정신적 장애가 있는 자라고 하여도 범행 당시 정상적인 사물변별능력이나 행위통제능력이 있었다면 심신장애로 볼 수 없다.

3) **구체적 내용 및 판례**

① 사물변별능력은 반드시 기억능력과 일치하는 것은 아니다.

【판례】 (대법원 1985.5.28. 선고 85도361 판결)
형법상 심신상실자라고 하려면 그 범행당시에 심신장애로 인하여 사물의 시비선악을 변식할 능력이나 또 그 변식하는 바에 따라 행동할 능력이 없어 그 행위의 위법성을 의식하지 못하고 또는 이에 따라 행위를 할 수 없는 상태에 있어야 하며 범행을 기억하고 있지 않다는 사실만으로 바로 범행당시 심신상실 상태에 있었다고 단정할 수는 없다.

② **【판례】 (대법원 1983.10.11. 선고 83도1897 판결)**
평소 간질증세가 있다고 하더라도, 범행당시에는 간질병이 발작하지 않았다면 이는 심신장애 내지 심신미약의 경우에 해당하지 아니한다.

③ 충동조절장애, 소아기호증 등 성격적 결함은 형의 감면사유인 심신장애에 해당하지 아니한다.
다만, 성격적 결함이 심각하여 원래 의미의 정신병을 가진 사람과 동등하다고 평가할 수 있는 경우에는 심신장애로 인한 범행으로 보아야 한다. (ex.절도)

94도3163

2012도12689

【판례】 (대법원 1995.2.24. 선고 94도3163 판결)
피고인이 절도죄 등으로 집행유예 선고를 받고, 집행유예기간 중 상습으로 도서관에서 학생들의 지갑을 절취한 경우, 피고인이 자신의 절도의 충동을 억제하지 못하는 성격적 결함으로 인하여 절도 범행에 이르게 되었다고 하더라도, 이와 같이 자신의 충동을 억제하지 못하여 범죄를 저지르게 되는 현상은 정상인에게서도 얼마든지 찾아볼 수 있는 일로서 이는 정도의 문제에 불과하고, 따라서 특단의 사정이 없는 한 위와 같은 성격적 결함을 가진 자에 대하여 자신의 충동을 억제하고 법을 준수하도록

요구하는 것이 기대할 수 없는 행위를 요구하는 것이라고는 할 수 없으므로 **원칙적으로는 충동조절장애와 같은 성격적 결함은 형의 감면사유인 심신장애에 해당하지 않는다**고 봄이 상당하고, 다만 그러한 **성격적 결함이 매우 심각하여 원래의 의미의 정신병을 가진 사람과 동등하다고 평가할 수 있다든지, 또는 다른 심신장애사유와 경합된 경우**에는 심신장애를 인정할 여지가 있을 것이다.

【판례】(대법원 2007.2.8. 선고 2006도7900 판결)
특단의 사정이 없는 한 성격적 결함을 가진 자에 대하여 자신의 충동을 억제하고 법을 준수하도록 요구하는 것이 기대할 수 없는 행위를 요구하는 것이라고는 할 수 없으므로, 사춘기 이전의 소아들을 상대로 한 성행위를 중심으로 성적 흥분을 강하게 일으키는 공상, 성적 충동, 성적 행동이 반복되어 나타나는 소아기호증은 성적인 측면에서의 성격적 결함으로 인하여 나타나는 것으로서, **소아기호증과 같은 질환이 있다는 사정은 그 자체만으로는 형의 감면사유인 심신장애에 해당하지 아니한다**고 봄이 상당하고, 다만 **그 증상이 매우 심각하여 원래의 의미의 정신병이 있는 사람과 동등하다고 평가할 수 있거나, 다른 심신장애사유와 경합된 경우** 등에는 심신장애를 인정할 여지가 있다.

④ 생리기간 중에 심각한 충동조절장애에 빠져 절도범행은 심신장애를 인정할 여지가 있다.

【판례】(대법원 1999.4.27. 선고 99도693,99감도17 판결)
피고인에게 우울증 기타 정신병이 있고 특히 생리도벽이 발동하여 절도범행을 저지른 의심이 드는 경우, 전문가에게 피고인의 정신상태를 감정시키는 등의 방법으로 심신장애 여부를 심리하여야 한다고 한 사례.

⑤ 酩酊으로 인하여 규범에 따른 행위를 결정할 능력이 없을 정도에 이른 때에는 책임능력이 없다.

Ⅲ. 한정책임능력자 - 감경한다. "감경할 수 있다."

2018. 12. 18. 시행되는 개정 형법에서는 심신미약자의 행위를 필요적 감경에서 "임의적 감경"으로 변경하였다.

1. 심신미약자

(1) **제10조(심신장애인)** ② 심신장애로 인하여 전항의 능력(사물변별능력이나 의사결정능력)이 미약한 자의 행위는 **형을 감경할 수 있다.**

(2) 한정책임능력자는 책임능력자이다.

2. 농아(聾啞)자

(1) 청각과 발음기능에 장애. 농아인 동시에 아자인 자.
(2) 선천 후천 불문

Ⅳ. 원인에 있어서의 자유로운 행위 (actio libera in causa)

1. 의의

(1) **제10조3항(심신장애자)** 위험의 발생을 예견하고 자의로 심신장애를 야기한 자의 행위는 전2항(심신상실, 심신미약)의 규정을 적용하지 아니한다.
(2) 행위자가 고의 또는 과실로 자신을 심신장애의 상태에 빠뜨리고 이러한 행위를 이용하여 범죄행위를 하는 것
(3) 원인에 있어서의 자유로운 행위는 책임능력과 관련된 문제이다.

2. 쟁점

(1) 책임주의(행위와 책임능력의 동시존재 원칙)와의 상충

"원인설정행위"	"실행행위"
구성요건적 행위가 없고,	책임이 없거나 감경

(2) 실행의 착수시기 문제

실행착수 시점을 언제로 인정할 것인가의 문제
- 가벌성의 근거를 어디에서 찾는가의 문제

3. 가벌성의 근거에 관한 학설

(1) 원인설정행위에서 찾는 견해

1) 원인에 있어서의 자유로운 행위는 자신을 도구로 이용한 점에서 타인을 도구로 이용하는 간접정범과 이론 구성을 같이하므로, 간접정범의 이용행위처럼 원인설정행위에 가벌성의 근거가 있다고 보는 견해

2) 실행의 착수시기 : 원인행위시설 (주관설)

3) 비판 : ① 살인을 하려고 다량의 술을 마셨으나 술에 취하여 그대로 쓰러진 경우를 살인미수로 보는 것을 무리라는 비판
② 구성요건의 정형성을 경시한다는 지적

(2) 범죄실행행위에서 찾는 견해

현대 심리학상 행위는 일종의 반무의식상태에서 이루어지는 것이므로 원인에 있어서의 자유로운 행위의 원인행위는 예비단계에 불과한 것이므로 무의식상태에서 행한 실행행위에 가벌성의 근거가 있다는 견해

(3) 원인설정행위와 범죄실행행위간의 불가분적 연관성에서 찾는 견해

1) 행위자의 책임은 책임능력결함상태하에서 특정한 행위를 범한 것에만 관련된 것이 아니라 이와 같은 책임능력결함상태를 원인설정행위에 의하여 초래했다는 사실에도 함께 관련된다는 점에 가벌성의 근거가 있다는 견해

2) 주관설은 가벌성이 지나치게 확장되고, 객관설은 지나치게 축소되므로 원인설정행위 후 책임능력결함상태에서 실행행위를 위한 개시 시에 실행의 착수가 있다고 보는 견해

4. 원인에 있어서의 자유로운 행위의 요건

(1) 자의로 심신장애의 야기

1) 자의로 행해져야한다. (스스로의 행위에 의해 이루어져야)
2) '자의로'라는 의미가 '고의로'라는 의미와는 다르다.

(2) 위험발생의 예견(또는 예견가능성)

원인행위시에 위험발생을 예견하여야 한다. 여기서 예견의 의미에는 위험발생에 대한 인식, 인용(고의)뿐만 아니라, 주의를 하면 인식 가능한 경우(과실)까지도 포함한다.

5. 원인에 있어서의 자유로운 행위의 유형

결과발생을 예견한 경우(고의)뿐만 아니라, 예견가능(과실)한 경우에도 포함한다. (판례)

【판례】 고의에 의한 원인에 있어서 자유로운 행위 (대법원 1996.6.11. 선고 96도857 판결)
피고인들은 상습적으로 대마초를 흡연하는 자들로서 이 사건 각 살인범행 당시에도 대마초를 흡연하여 그로 인하여 심신이 다소 미약한 상태에 있었음은 인정되나, 이는 위 **피고인들이 피해자들을 살해할 의사를 가지고 범행을 공모한 후에 대마초를 흡연하고, 위 각 범행에 이른 것**으로 대마초 흡연시에 이미 범행을 예견하고도 자의로 위와 같은 심신장애를 야기한 경우에 해당하므로, 형법 제10조 제3항에 의하여 심신장애로 인한 감경 등을 할 수 없다.

【판례】 과실에 의한 원인에 있어서 자유로운 행위 **(대법원 1992.7.28. 선고 92도999 판결)**
형법 제10조 제3항은 "위험의 발생을 예견하고 자의로 심신장애를 야기한 자의 행위에는 전2항의 규정을 적용하지 아니한다"고 규정하고 있는 바, 이 규정은 **고의에 의한 원인에 있어서의 자유로운 행위만이 아니라 과실에 의한 원인에 있어서의 자유로운 행위까지도 포함**하는 것으로서 위험의 발생을 예견할 수 있었는데도 자의로 심신장애를 야기한 경우도 그 적용 대상이 된다고 할 것이어서, **피고인이 음주운전을 할 의사를 가지고 음주만취한 후 운전을 결행하여 교통사고를 일으켰다면** 피고인은 음주시에 교통사고를 일으킬 위험성을 예견하였는데도 자의로 심신장애를 야기한 경우에 해당하므로 위 법조항에 의하여 심신장애로 인한 감경 등을 할 수 없다.

6. 효과

(1) 책임무능력 상태에서의 행위일지라도 면책되지 않고, 한정책임능력 상태하의 행위일지라도 형이 감경되지 않는다.
(2) 형법 제10조 3항은 과실에 의한 원인에 있어서 자유로운 행위에도 적용된다. (판례)
(3) 형법은 원인에 있어서의 자유로운 행위를 입법적으로 규정하여 벌하고 있다.

제3절 위법성의 인식

Ⅰ. 의의

위법성인식(불법의식)은
"자신의 행위가 실질적으로 위법하다는 행위자의 의식"

행위자가 실질적 의미의 위법성을 의식하고 있는 한, 침해되는 법규의 종류라든가 그 행위의 가벌성 등에 대한 인식은 문제되지 아니한다.

Ⅱ. 위법성인식의 형태

cf. 확신범 내지 양심범의 문제

자신의 행위가 가치가 있다고 믿더라도 그 행위가 현행법에 위배되고 당해 법률이 일반적 구속성을 가진다는 사실을 알고 있었다면 위법성인식이 인정된다.

Ⅲ. 위법성인식의 체계적 지위

1. 고의설 (판례)

위법성인식은 고의의 내용 중 하나 (이때 고의의 위치는 책임에 있음)

【판례】(대법원 1970.9.22. 선고 70도1206 판결)
민사소송법 기타 공법의 해석을 잘못하여 가압류의 효력이 없어진 것으로 착오한 경우 형벌법규의 무지와는 구별되어 <u>범의를 조각한다</u>. (판례의 입장)

(1) 엄격고의설 (위법성인식필요설)
고의의 성립에 현실적인 위법성 인식이 필요하다는 견해

(2) 제한적 고의설 (위법성인식가능성설) : 위법성인식을 현실적으로 필요로 하지 않고, 대신 위법성인식의 가능성만 있으면 고의가 성립된다는 견해

2. 책임설 : 고의는 주관적 구성요건요소이고, 위법성인식은 고의와는 별개의 독자적 책임요소라는 견해

(1) 엄격책임설 (목적적 행위론자)

위법성에 관한 착오를 모두 금지착오로 본다. 그러므로 위법성조각사유의 객관적전제사실에 관한 착오도 금지착오라고 보아 그 착오의 정당한 사유의 존부에 의하여 책임조각 여부를 판단한다.

(2) 제한적 책임설 (통설)

위법성에 관한 착오를 금지착오로 보는 점에서는 엄격책임설과 같다. 그러나 위법성조각사유에 관한 착오 중에서 위법성조각사유의 존재 내지 허용한계에 관한 착오는 금지착오로 보지만, 허용구성요건의 착오(위법성조각사유의 전제사실에 관한 착오)는 구성요건적 착오의 성질을 가지고 있다는 견해

[*] 엄격책임설과 제한적 책임설의 차이는 위법성조각사유의 전제사실에 관한 착오를 어떻게 취급할 것인가의 차이에 있다.

제4절 법률의 착오 (위법성의 착오)

Ⅰ. 의의

행위자가 무엇을 행하는가는 알았지만, 그것이 위법함은 알지 못한 경우

Ⅱ. 형태

1. 직접적인 위법성의 착오 (금지규범에 관한 착오)

(1) **법률의 부지** - 판례는 '법률의 부지'는 '법률의 착오'와 구별한다.

【판례】 (대법원 2005.9.29. 선고 2005도4592 판결)
형법 제16조에서 "자기가 행한 행위가 법령에 의하여 죄가 되지 아니한 것으로 오인한 행위는 그 오인에 정당한 이유가 있는 때에 한하여 벌하지 아니한다."라고 규정하고 있는 것은 단순한 법률의 부지를 말하는 것이 아니고 일반적으로 범죄가 되는 경우이지만 자기의 특수한 경우에는 법령에 의하여 허용된 행위로서 죄가 되지 아니한다고 그릇 인식하고 그와 같이 그릇 인식함에 정당한 이유가 있는 경우에는 벌하지 않는다는 취지이다.

(2) **包攝의 착오 (구성요건적 사실이 어떤 법률적 의미를 가지느냐에 대하여 착오를 일으킨 때)**

포섭의 착오
83도1927

1) 자신의 아들이 물에 빠졌으나 구조의무가 없다고 생각하고 구조하지 않은 경우
2) 뜰에 관상용으로 양귀비를 심는 것은 무방하다고 믿고 양귀비를 재배 한 경우

(3) **효력의 착오**

2. 간접적인 위법성의 착오 (위법성조각사유에 관한 착오)

(1) **위법성조각사유의 존재 내지 그 범위에 관한 착오 (허용규범의 착오, 허용의 착오)**
남편이 부인에 대한 징계권이 있는 줄 잘못 알고 부인에게 체벌하는 경우

(2) **위법성조각사유의 법적한계에 관한 착오 (허용한계의 착오)**
사인이 현행범인을 체포할 때 신체상해가 허용된다고 생각한 경우

(3) 위법성조각사유의 객관적 전제사실에 관한 착오 (허용구성요건의 착오)

1) 연인사이에 키스하는 장면을 보고 강간하는 줄 알고 뒤에서 머리를 내리 친 경우
2) 담력을 시험하기 위해 장난감권총을 내밀자 생명의 위험을 느끼고 총을 쏘아 살해한 경우
3) 우체부가 벨을 누르는 것을 도둑이라고 생각하고 머리를 내리 친 경우

Ⅲ. 위법성조각사유의 객관적 전제사실에 관한 착오

1. **고의설 (엄격, 제한적)** : 위법성인식은 고의의 한 요소이다. 따라서 (위법성에 관한 착오 중 하나인 간접적인 위법성의 착오 유형인) 위법성조각사유의 객관적 전제조건의 착오에 대해서도 위법성인식이 없는 경우에 해당하므로 고의가 조각된다고 보는 견해. 즉 이때 과실범의 성립 여부가 검토된다.

2. **소극적구성요건 표지이론** : 위법성조각사유는 소극적구성요건 요소이므로 위법성조각사유에 대한 착오는 곧 구성요건의 착오가 된다(구성요건 착오의 직접 적용). 따라서 고의가 조각될 경우 역시 과실범 성립여부가 검토된다.

3. **엄격책임설** : 위법성에 관한 착오는 모두 금지착오, 즉 법률의 착오로 규율된다고 보는 견해. 그러므로 형법 제16조의 규정에 의하여 그 오인에 정당한 이유가 있다면 책임이 조각되나(따라서 과실범 여부도 문제 삼지 않는다), 그 오인에 정당한 이유가 없다면 책임이 인정된다.

   "오상방위자 죄책 : 고의범 or 무죄"

4. **구성요건착오유추적용설** : 구성요건요소와 허용구성요건요소사이에는 질적인 차이가 없고 행위자에게 구성요건적 불법을 실현하려는 결단이 없기 때문에 행위불법을 부정해야한다는 제한적 책임설에 의하면 구성요건착오를 유추적용하여, (구성요건적)고의를 조각하는 방식으로 처리된다. 결국 과실범 성립 여부가 검토된다.

5. **법효과제한적책임설** : 구성요건적 고의를 문제 삼지 않고 책임고의의 조각 여부를 문제 삼는다. 즉 허용구성요건의 착오가 구성요건적 착오의 성질을 가지고 있다는 점은 인정하나, 이를 책임단계의 고의 문제에서 고려함으로써

고의범의 불법은 성립하나 고의범의 책임은 조각되어 결국 고의범의 성립을 부정한다. 과실범 성립여부가 검토된다.

6. 효과

위법성의 착오 유형 중

(1) 위법성조각사유의 객관적 전제사실에 관한 착오 효과에 관하여는 고의설, 소극적구성요건요소론(구성요건착오), 엄격책임설(금지착오), 구성요건착오 유추적용설, 제한적 책임설이 대립하고 있다.

(2) 나머지 착오유형에 관하여는 모두 금지착오(법률의 착오)로 책임이 조각되는 효과를 가진다.

Ⅳ. 형법 제16조의 해석

제16조(법률의 착오) 자기의 행위가 법령에 의하여 죄가 되지 아니하는 것으로 오인한 행위는 그 오인에 정당한 이유가 있는 때에 한하여 벌하지 아니한다.

1. "그 오인에 정당한 이유가 있는 때에 한하여"

(1) 학설 : 회피할 수 없는 경우를 의미 (회피가능성)
(2) 판례 : 그 오인에 과실이 없는 때

2. "벌하지 아니한다."

책임이 조각된다(책임설). 정당한 이유가 없는 경우에는 고의범으로 처벌된다.

3. **【판례】 (대법원 1976.1.13. 선고 74도3680 판결)**

겨우 국문정도 해득할 수 있는 60세의 부녀자가 채무자로부터 사채신고 소송을 위임하였던 변호사에게 문의 확인 한 바 본건 채권이 이미 소멸되었다고 믿고 또는 그렇지 않다고 하더라도 신고하여야 할 기업사채에 해당하지 않는다고 믿고 신고를 하지 아니한 경우, 피고인에게 지상에 보도된 바를 무시하고 관할 공무원과 자신이 신뢰해서 소송을 위임하였던 변호사의 의견을 물리치고 본건 채권을 긴급명령 소정의 기업사채라고 인정하고 신고를 할 것을 기대하는 것이 무리라고 할 것이므로 따라서 그리 믿고 신고를 하지 않았다고 해서 이를 벌할 수 없다고 할 것이다.

제5절 책임조각사유 (기대가능성)

"행위 당시의 부수적 사정에 대한 정상관계"도 고려하여 적법행위를 기대할 수 있는 기대가능성을 판단하여야 한다는 이론에서 출발.

Ⅰ. 의의

행위자에게 적법행위를 기대할 수 있는 적법행위의 기대가능성을 말한다.

Ⅱ. 기대가능성의 체계적 지위

기대가능성을 초법규적 책임조각사유를 볼 것인가의 여부에 대해

1. 학설

(1) 긍정설(통설, 판례),
(2) 고의과실의 구성요소로 보는 견해,
(3) 제3의 책임요소로 파악하는 견해 등이 있다.

2. 검토 *

책임조각사유에 관한 규정이 불충분한 현행 형법에서

① 면책적 긴급피난에 해당하는 경우
② 상당성이 인정되지 않는 의무의 충돌
③ 구속력이 있는 위법한 상사의 명령에 의한 행위
④ 생명 신체 이외의 법익에 대한 강제상태에서 행한 강요된 행위의 경우 등은 초법규적 책임조각사유에 해당한다고 보아야 타당하다.

3. 판례

(1) 기대가능성이 없다고 보아 책임이 조각된다고 본 경우

【판례】(대법원 1966.3.22. 선고 65도1164 판결)
입학시험에 응시한 수험생으로서 자기 자신이 부정한 방법으로 탐지한 것이 아니고 우연한 기회에 미리 출제될 시험문제를 알게 되어 그에 대한 답을 암기하였을 경우 그 암기한 답에 해당된 문제가 출제되었다 하여도 위와 같은 경위로서 암기한 답을 그 입학시험 답안지에 기재하여서는 아니된다는 것을 그 일반수험생에게 기대한다는 것은 보통의 경우 도저히 불가능하다 할 것이므로 위계에 의한 업무방해죄의 성립을 부정한 사례.

【판례】(대법원 1969.12.9. 선고 69도1671 판결)
기관고장과 풍랑으로 표류중 북한 함정에 납북되어 북한 찬양 감상문을 작성하고 지령을 수락한 후 송환된 경우, 납북된 후의 행위는 피고인들의 생명, 신체에 대한 위해를 방어할 방법이 없는 협박에 의하여 강요된 행위로서 통상 이러한 상황하에서는 피고인들이 아니라 다른 일반인이라 할지라도 달리 특별한 사정이 없는 한 위와 같은 행위를 하지 아니할 것을 기대할 수 없다는 이유로 피고인들에게 무죄를 선고한 원심은 정당하다고 한 사례.

(2) 기대가능성이 있다고 보아 책임이 조각되지 않는다고 본 경우

【판례】(대법원 1983.3.8. 선고 82도2873 판결)
공동피고인들의 지시를 받아 비서인 피고인이 뇌물공여한 경우, 피고인이 비서라는 특수신분때문에 주종관계에 있는 공동피고인들의 지시를 거절할 수 없어 뇌물을 공여한 것이었다 하더라도 그와 같은 사정만으로는 피고인에게 뇌물공여 이외의 반대행위를 기대할 수 없는 경우였다고 볼 수 없다.

【판례】(대법원 1966.7.26. 선고 66도914 판결)
탄약창고의 보초근무를 하던 피고인이 그 창고 내에서 포탄피를 절취하는 현장을 목격하고도 그것을 제지하지 않았으며 상관에게 보고하지도 않고 묵인한 행위는, 그 절취자들이 비록 피고인을 명령 지휘할 수 있는 상급자들이었다 할지라도 기대가능성이 없는 불가피한 행위이었다고는 할 수 없다.

Ⅲ. 강요된 행위

1. 성립요건

(1) 저항할 수 없는 폭력 - 심리적인 의미에 있어서 육체적으로 어떤 행위를 절대적으로 하지 아니할 수 없게 하는 경우와 윤리적인 의미에 있어서 강압된 경우를 의미한다. (판례)

【판례】(대법원 2007.6.29. 선고 2007도3306 판결)
형법 제12조에서 말하는 강요된 행위는 저항할 수 없는 폭력이나 생명, 신체에 위해를 가하겠다는 협박 등 다른 사람의 강요에 의하여 이루어진 행위를 의미하는데, 여기서 **저항할 수 없는 폭력**은 심리적 의미에 있어서 육체적으로 어떤 행위를 절대적으로 하지 아니할 수 없게 하는 경우와 윤리적 의미에 있어서 강압된 경우를 말하고, **협박**이란 자기 또는 친족의 생명, 신체에 대한 위해를 달리 막을 방법이 없는 협박을 말하며, **강요**라 함은 피강요자의 자유스런 의사결정을 하지 못하게 하면서 특정한 행위를 하게 하는 것을 말하는 것이다.

(2) 자기 또는 친족의 생명 신체에 대한 위해를 방어할 방법이 없는 협박
여기의 친족은 법률상 개념. 다만, 사실혼관계의 부부나 사생아는 포함

2. 효과

(1) 책임이 조각되어 벌하지 아니한다.
(2) 피강요자와의 관계에서 강요자는 간접정범이 된다.

3. 강요된 행위가 인정된 사례

(1) **【판례】(대법원 1983.12.13. 선고 83도2276 판결)**
남편의 계속된 폭행과 협박에 못 이겨 그의 요구대로 간통사실에 관련된 허위의 고소장을 작성, 제출한 경우, 형법 제12조의 저항할 수 없는 폭력은, 심리적인 의미에 있어서 육체적으로 어떤 행위를 절대적으로 하지 아니할 수 없게 하는 경우와 윤리적 의미에 있어서 강압된 경우를 말할 수 있다 하겠으며, 일정한 협박이란 자기 또는 친족의 생명, 신체에 대한 위해를 달리 막을 방법이 없는 협박을 말하고, 강요라 함은 피강요자의 자유스런 의사결정을 하지 못하게 하면서 특정한 행위를 하게 하는 것 을 말하므로 피고인의 이 사건 '무고행위'를 강요된 행위라고 본 사례.

(2) **【판례】(대법원 1972.5.9. 선고 71도1178 판결)**
18세 소년이 취직할 수 있다는 감언에 속아 도일하여 조총련 간부들의 감시 내지 감금 하에 강요에 못 이겨 공산주의자가 되어 북한에 갈 것을 서약한 행위를 한 것이 강요된 행위라고 인정한 사례.

(3) **[사례]** - 신제품도면을 훔쳐오지 않으면 인질로 잡혀있는 내연의 처를 죽이겠다는 협박을 받고 회사 디자인실에서 도면을 절취

Ⅳ. 기대불가능성으로 인한 책임조각사유

1. 형법상의 책임조각·감경사유

(1) 강요된 행위(제12조), 과잉방위 (제21조3항), 과잉피난(제22조3항) - 책임조각

(2) 과잉방위(제21조2항), 과잉자구행위(23조2항) - 책임조각 내지 감경

(3) 친족 간의 범인은닉과 증거인멸(제151조2항, 제155조4항) 및 범인 자신의 범인은닉과 증거인멸 - 기대불가능성 ∴ 책임조각

(4) 단순도주죄(제145조)가 도주원조죄보다, 위조통화취득 후의 지정행사죄 (제210조)가 위조통화행사죄보다 형이 경한 것은 기대가능성 감소
∴ 책임 감경

2. 초법규적 책임조각사유

(1) 위법한 명령 중 절대적 구속력을 가진 명령의 경우

(2) 의무의 충돌 중 의무 서열에 관한 착오에 있어 정당한 이유가 있는 경우, 극복할 수 없는 부득이한 사유로 낮은 가치의 의무를 이행한 경우

(3) 생명 신체 이외의 법익에 대한 강요된 행위

책임에 관한 설명 중 옳지 **않은** 것은?

① 「형법」 제12조의 강요된 행위 중 '저항할 수 없는 폭력'에는 윤리적 의미에 있어서 강압된 경우도 포함된다.(O)
② 자기의 행위가 법령에 의하여 죄가 되지 아니하는 것으로 오인한 행위는 그 오인에 정당한 이유가 있는 때에 한하여 벌하지 아니하고, 정당한 이유가 없는 때에는 과실범으로 처벌한다.(X)
③ '위험의 발생을 예견하고 자의로 심신장애를 야기한 자의 행위'에 대해서는 심신장애에 관한 「형법」 총칙규정의 적용이 배제된다.(O)
④ 심신장애로 인하여 사물을 변별할 능력이나 의사를 결정할 능력이 미약한 자의 행위는 형을 감경할 수 있다.(O)

제5장 미 수 범

제1절 서설

Ⅰ. 犯罪의 실현段階 : 범죄의사-예비, 음모-미수-기수와 종료

犯罪意思 - 豫備,陰謀 - 未遂 - 旣遂와 終了(公訴時效 起算, 共犯 成立, 加重的 構成要件)

Ⅱ. 未遂는 왜 처벌되는가?

1. 구성요건적 결과 실현에 대한 높은 개연성 때문에 처벌된다. (객관설)
2. 행위에 표현된 법 적대적 의사 때문에 처벌된다. (주관설)
3. 법 배반적 의사가 구성요건 결과 발생에 위험할 정도로 표현되었기 때문에 처벌된다. (절충설-인상설)

Ⅲ. 실행의 착수 - 언제 실행의 착수를 인정할 수 있는가

1. 객관설(형식적 객관설, 실질적 객관설) -
구성요건적 행위의 직접 전단계의 행위를 실행할 때

2. 주관설 - 범의에 飛躍的 表動이 있는 때

3. 절충설(주관적 객관설)

- 구성요건적 행위를 개시한 때
- 구성요건 실현을 위한 직접적 행위를 한 때
- 그의 의사에 의하여 직접 구성요건이 실현되는 행위를 개시한 자는 미수범이다.

→ 독일형법의 표현

[*] 살인죄 - 살인의 고의로 권총의 방아쇠를 당길 때가 아니라
살인의 고의로 권총의 방아쇠를 겨냥할 때
살인의 고의로 폭행을 가하기 시작할 때

Ⅳ. 형법상 미수범의 체계

1. 障碍미수 (제25조) - 임의적 감경
2. 中止미수 (제26조) - 必요적 감免
3. 不能미수 (제27조) - 任의적 감免

Ⅴ. 예비와 음모

1. 개념

(1) 의의

1) 예비 - 범죄실현을 위한 준비행위
2) 음모 - 범죄를 실행할 목적으로 2인 이상의 합의

(2) "처벌 규정이 있는 경우에 한하여 처벌된다"

제28조(음모, 예비) 범죄의 음모 또는 예비행위가 실행의 착수에 이르지 아니한 때에는 법률에 특별한 규정이 없는 한 벌하지 아니한다.

예비는 음모에 해당하는 행위를 제외하는 것이다 (82도3019)
관세법에서는 예비만 처벌하는 규정도 있음

【판례】 (대법원 1977.6.28. 선고 77도251 판결)

[*] 부정선거 관련자처벌법 제5조 1항에 의하면 부정선거에 관련하여 사람을 살해하거나 또는 부정선거에 항의하는 국민을 살해한 자는 사형, 무기 또는 7년이상의 징역이나 금고에 처한다고 규정하고 동법 제5조 4항에 의하면 **제1항의 예비음모와 미수는 이를 처벌한다고 규정**하고 있다. **형법 제28조에 의하면 범죄의 음모 또는 예비행위가 실행의 착수에 이르지 아니한 때에는 법률에 특별한 규정이 없는 한 처벌하지 아니한다고 규정하고 있어 범죄의 음모 또는 예비는 원칙으로 벌하지 아니하되 예외적으로 법률에 특별한 규정이 있을때 다시 말하면 음모 또는 예비를 처벌한다는 취지와 그 형을 함께 규정하고 있을때에 한하여 이를 처벌할 수 있다고 할 것이므로** 위 부정선거 관련자 처벌법 제5조 4항에 예비, 음모는 이를 처벌한다라고 규정하였다 하더라도 예비, 음모는 미수범의 경우와 달라서 그 형을 따로 정하여 놓지 아니한 이상 처벌할 형을 함께 규정한 것이라고는 볼 수 없고 또 동법 제5조 4항의 입법취지가 동법 제5조 1항의 예비, 음모죄를 처벌한 의도이었다 할지라도 그 예비, 음모의 형에 관하여 특별한 규정이 없는 이상 이를 본범이나 미수범에 준하여 처벌한다고 해석함은 피고인의 불이익으로 돌아가는 것이므로 이는 죄형법정주의의 원칙상 허용할 수 없다.

(3) 예비의 법적 성격에 관하여는,

1) 기본범죄의 발현형태로 보는 견해 **(발현형태설)**
2) 기본범죄와는 독립된 범죄유형으로 보는 견해 (독립범죄설)
3) 두 가지 경우로 구분하여 보는 이분설이 있다.

【판례】 발현형태설 (대법원 1976.5.25. 선고 75도1549 판결)

형법 제28조에 의하면 범죄의 음모 또는 예비행위가 실행의 착수에 이르지 아니한 때에는 법률에 특별한 규정이 없는 한 벌하지 아니한다고 규정하여 예비죄의 처벌이 가져올 범죄의 구성요건을 부당하게 유추내지 확장해석하는 것을 금지하고 있기 때문에 형법각칙의 예비죄를 처단하는 규정을 바로 독립된 구성요건 개념에 포함시킬 수는 없다고 하는 것이 죄형법정주의의 원칙에도 합당하는 해석이다.

2. 성립요건

(1) 주관적 요건

강도예비
2004도6432

1) 예비의 고의
2) 기본범죄를 범할 목적

(2) 객관적 요건

1) 외부적 준비
   예비 - 물적 준비
   음모 - 인적, 심적 준비

2) 실행착수 이전

【판례】 (대법원 2009.10.29. 선고 2009도7150 판결)

형법 제255조, 제250조의 **살인예비죄가 성립하기 위하여는** 형법 제255조에서 명문으로 요구하는 살인죄를 범할 목적 외에도 **살인의 준비에 관한 고의**가 있어야 하며, 나아가 실행의 착수까지에는 이르지 아니하는 살인죄의 실현을 위한 준비행위가 있어야 한다. 여기서의 준비행위는 물적인 것에 한정되지 아니하며 특별한 정형이 있는 것도 아니지만, 단순히 범행의 의사 또는 계획만으로는 그것이 있다고 할 수 없고 객관적으로 보아서 살인죄의 실현에 실질적으로 기여할 수 있는 외적 행위를 필요로 한다.

3. 관련 문제

(1) 예비죄의 중지 : X

갑은 을의 집에 들어가 강도행위를 할 생각으로 준비물을 사오다가 무서운 생각이 들어 집 앞 쓰레기통에 버렸다.

판례 : 강도예비죄! 강도예비죄의 중지미수 (x)

【판례】 (대법원 1999.4.9. 선고 99도424 판결)
중지범은 범죄의 실행에 착수한 후 자의로 그 행위를 중지한 때를 말하는 것이고 **실행의 착수가 있기 전인 예비음모의 행위를 처벌하는 경우에 있어서 중지범의 관념은 이를 인정할 수 없다.**

(2) 예비죄의 공범 ★

1) 예비죄의 공동정범 O

2) 예비죄의 교사범은 예비에 준하여 처벌한다는 규정을 두고 있다. (제31조2항)

3) 예비죄의 종범 X

【판례】 (대법원 1976.5.25. 선고 75도1549 판결)
형법 제32조 제1항의 타인의 범죄를 방조한 자는 종범으로 처벌한다는 규정의 타인의 범죄란 정범이 범죄를 실현하기 위하여 착수한 경우를 말하는 것이라고 할 것이므로 종범이 처벌되기 위하여는 정범의 실행의 착수가 있는 경우에만 가능하고 **정범이 실행의 착수에 이르지 아니한 예비의 단계에 그친 경우**에는 이에 가공하는 행위가 **예비의 공동정범이 되는 경우를 제외하고는** 이를 종범으로 처벌할 수 없다고 할 것이다.

[사례]
평소 원한관계에 있는 회사 사장 을을 살해하기 위해, 갑은 우연히 입수한 수류탄을 그에 사용하기로 마음먹고 사용법을 알기 위해, 알고 지내던 군대 훈련조교를 했던 병에게 사실을 말하고 투척방법 등을 배웠다. 갑이 이사를 하던 도중 수류탄이 이삿짐에서 떨어져 폭발하여 이삿짐 운반원이 사망하였다.
갑과 병의 죄책은?

[해설]
갑은 살인의 고의로 수류탄 사용하는 방법을 익혔으나, 살인의 구성요건적 행위로 아직 나아가지 않았기 때문에 실행의 착수에 이른 것으로 볼 수 없다. 또한 이러한 살인의 예비행위를 처벌하는 규정이 있으므로 살인예비죄로 처벌된다. 또한 이삿짐에서 떨어뜨려 타인을 사망케 하였으나 과실에 기인한 것으로 판단할 수 있어 이는 과실치사죄로 처벌된다. 양 죄는 실체적 경합범이다.

병은 살인예비죄에 종범에 해당할 것인데, 예비죄의 종범 인정 여부에 관하여는 긍정설과 부정설이 대립되고 있고 판례는 형법각칙의 예비죄를 처벌하는 규정을 바로 독립된 구성요건 개념으로 포함시킬 수 없기 때문에 예비의 단계에서는 그 종범의 성립을 부정하고 있다. 따라서 병은 무죄이다.

갑 - 살인예비죄, 과실치사죄 경합범
병 - 무죄이다! (살인예비죄의 종범(X))

* 비교

장애미수 (제25조) - 임의적 감경 "실행의 착수"

중지미수 (제26조) - 필요적 감면 "自意性" (자의성)

불능미수 (제27조) - 임의적 감면 "危險性" (위험성)

제2절 장애미수

Ⅰ. 의의

Ⅱ. 성립요건

1. 주관적 요소

(1) 기수의 고의
미수의 고의만을 가진 때에는 벌할 수 없다.
함정수사 (agent provocateur)

초과주관적 구성요건요소
- 목적범에서 '목적'
- 영득범에서 불법영득 의사
- 경향범에서 '경향'

(2) 초과주관적 구성요건 요소
기수범에 있어서 초과주관적 구성요건 요소를 요하는 범죄에서는 미수범의 성립에도 역시 동 요소가 요구된다.

2. 범죄의 미달성

3. 실행의 착수 - 언제 실행의 착수를 인정할 수 있는가

(1) 객관설(형식적 객관설, 실질적 객관설)
- 구성요건적 행위의 직접 전단계의 행위를 실행할 때

(2) 주관설 - 범의에 飛躍的 表動이 있는 때

(3) 절충설(주관적 객관설)
- 구성요건적 행위를 개시한 때
- 구성요건 실현을 위한 직접적 행위를 한 때
- 그의 의사에 의하여 직접 구성요건이 실현되는 행위를 개시한 자는 미수범이다.

장애미수는 기수범에 비하여 그 형을 임의적 감경할 수 있다. 이때 주형을 임의적 감경할 수 있고, 몰수나 추징, 보안처분은 감경의 대상이 아니다.

제3절 중지미수

Ⅰ. 의의

범죄의 실행에 착수한 자가 그 범죄가 완성되지 전에 자의로 이를 중지하거나 결과의 발생을 방지한 경우 - 형을 감경 또는 면제 (필요적 감면)

Ⅱ. 왜 관대하게?

1. 형사정책설 (황금의 다리이론)
2. 법률설 (위법성 소멸·감소설, 책임소멸·감소설)
3. 결합설 (책임감소설과 형사정책설 결합)
4. 보상설
5. 형벌목적설
6. 책임이행설 - 행위자에 부여된 원상회복의무를 이행
7. 결론

Ⅲ. 성립요건

1. 미수범 공통의 요건

(1) 주관적 요건으로서 기수의 고의

(2) 범죄의 미달성

(3) 실행의 착수

자신의 집을 방문하려는 채권자를 살해하려고 독약을 준비하였으나 채권자가 도착한 순간 마음이 변하여 독살하지 않은 경우 자의에 의한 살인죄의 중지미수인가 ? 아니다. 왜냐하면, 아직 실행의 착수를 인정하기 어렵다!

2. 객관적 요건 - 실행에 착수한 행위의 중지 또는 결과발생의 방지

(1) **착수중지** : 실행에 착수한 행위의 중지

1) 실행행위 중지란 범행계속을 포기
2) 실행행위를 중지하더라도 결과가 발생하면 기수로 되고, 이때에는 중지미수가 성립하지 않는다.
3) 종국적 범죄포기는 요건 아니다. (중지미수 처벌은 불가벌이 아니라 필요적 감면이다!)

(2) **실행중지** : 결과발생의 방지

1) 행위자가 적극적이고 진지하게 결과발생 방지행위를 하여야 한다. 따라서 범인 자신의 행위가 아니라 제3자의 행위를 이용하여 방지하는 경우라면 자기가 한 것과 동일한 정도의 진솔한 노력이 있어야 한다.

2) 결과가 발생되지 않아야 한다.

【판례】(대법원 1983.12.27. 선고 83도2629 판결)
대마관리법 제19조 제1항 제2호, 제4조 제3호 위반죄는 대마를 매매함으로써 성립하는 것이므로 설사 **피고인이 대마 2상자를 사가지고 돌아오다 이 장사를 다시 하게 되면 내 인생을 망치게 된다는 생각이 들어 이를 불태웠다고 하더라도** 이는 양형에 참작되는 사유는 될 수 있을지언정 이미 성립(기수)한 죄에는 아무 소장이 없어 이를 중지미수에 해당된다 할 수 없다.

3) 방지행위와 결과발생 방지에는 인과관계가 있어야 한다.

4) 처음부터 결과발생이 불가능한 행위를 한 자가 스스로 결과발생 방지의 노력을 진솔하게 한 경우 중지미수? 불능미수?

- 중지미수

3. 주관적 요건 - 自意性

(1) **객관설** - (중지미수 범위가 너무 넓어진다.)
중지의 원인이 행위자의 내부에 있는 경우는 중지미수, 외부사정에 있는 경우는 장애미수

(2) **주관설** - (중지미수 범위가 너무 협소해진다)
행위자의 후회, 동정, 연민 등의 윤리적 동기에 의한 중지의 경우에는 중지미수

(3) **프랑크 공식**
할 수 있었음에도 하기를 원하지 않아 중지한 경우

(4) **절충설 (판례)**
일반사회통념상 장애에 의한 미수라고 보여지는 경우를 제외한 자 율적 동기에 의하여 중지한 경우 중지미수

【판례】(대법원 1999.4.13. 선고 99도640 판결)
범죄의 실행행위에 착수하고 그 범죄가 완수되기 전에 **자기의 자유로운 의사에 따라 범죄의 실행행위를 중지한 경우에 그 중지가 일반 사회통념상 범죄를 완수함에 장애가 되는 사정에 의한 것이 아니라면** 이는 중지미수에 해당한다

【판례】중지미수를 부정한 사례 (대법원 1999.4.13. 선고 99도640 판결)
피고인이 피해자를 살해하려고 그의 목 부위와 왼쪽 가슴 부위를 칼로 수 회 찔렀으나 피해자의 가슴 부위에서 많은 피가 흘러나오는 것을 발견하고 겁을 먹고 그만 두는 바람에 미수에 그친 것이라면, 위와 같은 경우 많은 피가 흘러나오는 것에 놀라거나 두려움을 느끼는 것은 일반 사회통념상 범죄를 완수함에 장애가 되는 사정에 해당한다고 보아야 할 것이므로, 이를 자의에 의한 중지미수라고 볼 수 없다.

【판례】중지미수를 인정한 사례 (대법원 1993.10.12. 선고 93도1851 판결)
피고인이 피해자를 강간하려다가 피해자의 다음번에 만나 친해지면 응해 주겠다는 취지의 간곡한 부탁으로 인하여 그 목적을 이루지 못한 후 피해자를 자신의 차에 태워 집에까지 데려다 주었다면 피고인은 자의로 피해자에 대한 강간행위를 중지한 것이고 피해자의 다음에 만나 친해지면 응해 주겠다는 취지의 간곡한 부탁은 사회통념상 범죄실행에 대한 장애라고 여겨지지는 아니하므로 피고인의 행위는 중지미수에 해당한다.

Ⅳ. 처벌 : 필요적 감면

Ⅴ. 관련문제

1. 공동정범과 중지미수

(1) 중지한 그 일부는 자기가 분담한 행위 및 결과를 방지한 정도를 넘어서서 공범자 전원의 실행행위를 중지시키거나 모든 결과 발생을 방지하여야만 한다.

(2) 중지미수는 자의적으로 범행을 중지한 일부에게만 적용되고, 나머지 공동자는 장애미수의 책임을 진다.

【판례】 공동정범에서 중지미수를 부정 (대법원 2005.2.25. 선고 2004도8259 판결)

갑은 을과 합동하여 피해자를 텐트 안으로 끌고 간 후 을, 갑의 순으로 성관계를 하기로 하고 갑은 위 텐트 밖으로 나와 주변에서 망을 보고 을은 피해자의 옷을 모두 벗기고 피해자의 반항을 억압한 후 피해자를 1회 간음하여 강간하고, 이어 갑이 위 텐트 안으로 들어가 피해자를 강간하려 하였으나 피해자가 반항을 하며 강간을 하지 말아 달라고 사정을 하여 강간을 하지 않은 경우, 갑과 을이 공모하에 강간행위에 나아간 이상 비록 갑이 강간행위에 나아가지 않았다 하더라도 중지미수에 해당하지는 않는다고 할 것이다.

【판례】 공동정범에서 중지미수를 긍정 (대법원 1986.3.11. 선고 85도2831 판결)

갑은 을과 함께 대전역 부근에 있는 천광상회 사무실의 금품을 절취하기로 공모하여 갑은 그 부근 포장마차에 있고 을은 위 천광상회의 열려진 출입문을 통하여 안으로 들어가 물건을 물색하고 있는 동안 갑은 자신의 범행전력등을 생각하여 가책을 느낀 나머지 스스로 결의를 바꾸어 사무실 주인에게 을의 침입사실을 알려 그와 함께 을을 체포하여서 그 범행을 중지하여 결과발생을 방지한 경우, 피고인(갑)의 소위는 중지미수의 요건을 갖추었다고 할 것이니 같은 취지에서 형법 제26조를 적용하여 피고인에 대한 형을 면제한 제1심판결을 유지한 원심 조치는 정당하다.

【해설】 갑은 중지미수 성립, 을은 장애미수

2. 협의의 공범과 중지미수

(1) 정범만이 자의로 범행을 중지한 경우에는 정범은 중지미수, 공범은 장애미수가 된다.

(2) 공범이 정범의 범죄실행을 중지시키거나 결과발생을 방지한 경우에는 공범은 중지미수, 정범은 장애미수가 된다.

제4절 불능미수

Ⅰ. 의의

1. **제27조(불능범)** 실행의 수단 또는 대상의 착오로 결과발생이 불가능하더라도 위험성이 있는 때는 처벌된다. 다만, 형을 감경 또는 면제할 수 있다.

2. 구별 개념

환각범 - 문제되는 행위에 대하여 형법적 구성요건 자체가 없는 경우이다. 즉 동성애가 범죄라고 생각하면서 하는 행위라든가 거짓말을 범죄라고 생각하면서 거짓말하는 경우 등

Ⅱ. 성립요건

1. 미수범 공통의 요건

2. 불능미수의 독자적 요건

(1) 실행의 수단 또는 대상의 착오로 인하여 결과발생이 불가능

1) 수단의 착오 (수단의 착오로 인하여 결과발생 불가능의 경우)

① 설탕으로도 사람을 죽일 수 있다고 생각하고 먹인 경우
② 설탕을 독약으로 오인하고 먹인 경우
③ 충분하다고 생각하고 치사량 미달의 독약을 먹인 경우

2) 대상의 착오 (대상의 착오로 인하여 결과발생 불가능의 경우)

① 시체도 한 번 더 죽을 수 있다고 생각하여, 시체를 향하여 발포 한 경우
② 시체를 산 사람이라고 생각하고 발포 한 경우
③ 상대가 부재중임에도 재실 중이라고 믿고 거실을 향하여 발포한 경우

* 비교
주체의 착오
(주체의 착오로 결과발생이 불가능한 경우)

예) 공무원이 아닌 자가 공무원으로 착각하고 뇌물을 받는 경우처럼 비신분자가 신분 있는 것으로 오인하고 진정신분범을 범하는 경우 - 이때에는 불능미수가 아니라, 환각범

(2) 위험성 판단

1) 객관설 (구객관설)

절대적 불능은 위험성이 없어서 불가벌이고, 상대적 불능은 위험성이 있어 가벌적인 불능미수라는 학설

2) 주관설

위험성 여부는 행위자가 알고 있는 사정을 기초로 행위자의 입장에서 판단해야하므로, 모두 불능미수범으로 처벌하자는 학설

미신범은 제외

3) 신객관설 (구체적위험설)

행위자가 '인식한 사정'과 일반인이 '인식할 수 있었던 사정'을 기초로 일반인의 입장에서 판단하여 위험성이 있으면 불능미수이고, 위험성이 없으면 불가벌이라는 학설

4) 추상적 위험설 (주관적 위험설)

행위자가 '인식한 사정'을 기초로 일반인의 관점에서 위험성 여부를 판단하자는 학설

5) 인상설

행위자의 법적대적 범죄의사가 사회일반인에게 법질서 침해의 인상을 주는 경우에는 위험성이 있는 것으로 판단하자는 학설

【판례】 구객관설의 입장을 취한 판례 (대법원 1985.3.26. 선고 85도206 판결)
불능범은 범죄행위의 성질상 결과발생의 위험이 절대로 불능한 경우를 말하는 것인바 향정신성의약품인 메스암페타민 속칭 "히로뽕" 제조를 위해 그 원료인 염산에 페트린 및 수종의 약품을 교반하여 "히로뽕" 제조를 시도하였으나 그 약품배합미숙으로 그 완제품을 제조하지 못하였다면 위 소위는 그 성질상 결과발생의 위험성이 있다고 할 것이므로 이를 습관성의약품제조미수범으로 처단한 것은 정당하다.

【참고】 이 판결에 대해서는 불능미수를 인정한 것으로 보는 견해도 있고, 장애미수를 인정한 것으로 보는 견해도 있다.

【판례】 추상적 위험설의 입장을 취한 판례 (대법원 2005.12.8. 선고 2005도8105 판결)

불능범의 판단 기준으로서 위험성 판단은 피고인이 행위 당시에 인식한 사정을 놓고 이것이 객관적으로 일반인의 판단으로 보아 결과 발생의 가능성이 있느냐를 따져야 하고, 한편 민사소송법상 소송비용의 청구는 소송비용액 확정절차에 의하도록 규정하고 있으므로, 위 절차에 의하지 아니하고 손해배상금 청구의 소 등으로 소송비용의 지급을 구하는 것은 소의 이익이 없는 부적법한 소로서 허용될 수 없다고 할 것이다. 따라서 **소송비용을 편취할 의사로 소송비용의 지급을 구하는 손해배상청구의 소를 제기하였다고 하더라도** 이는 객관적으로 소송비용의 청구방법에 관한 법률적 지식을 가진 일반인의 판단으로 보아 결과 발생의 가능성이 없어 위험성이 인정되지 않는다고 할 것이다.

Ⅲ. 처벌

1. 제27조 - 임의적 감면사유
2. 장애미수보다는 가볍고, 중지미수보다는 무겁게 처벌

불능범과 예비죄에 관한 설명 중 옳지 **않은** 것은?

① 불능범은 범죄행위의 성질상 결과발생 또는 법익침해의 가능성이 절대로 있을 수 없는 경우를 말한다.(O)

② 불능범의 판단 기준으로서 위험성 판단은 피고인이 행위 당시에 인식한 사정을 놓고 이것이 객관적으로 일반인의 판단으로 보아 결과 발생의 가능성이 있느냐를 따지는 것이다.(O)

③ 예비죄에 대해서는 방조범을 인정할 수 없으므로 예비죄의 공동정범도 성립할 수 없다.(X)

④ 중지범은 범죄의 실행에 착수한 후 자의로 그 행위를 중지한 때를 말하는 것이므로 예비죄에 대해서는 중지범의 관념을 인정할 수 없다.(O)

제6장 공 범 론

제1절 공범의 일반이론

형법 30조 공동정범
31조 교사범
32조 종범
34조 간접정범

Ⅰ. 필요적 공범

1. 의의

형법의 개별구성요건 자체가 수인의 참가를 내용으로 하고 있는 범죄유형 즉, 범죄의 성질상 당연히 수인의 행위주체를 필요로 하는 범죄

2. 종류

(1) 집합범 - 소요죄, 내란죄
(2) 대향범 - ~~간통죄,~~ 수뢰죄와 증뢰죄, 배임수재죄와 배임증재죄

3. 취급

(1) 필요적 공범은 진정한 의미의 공범이 아니다.

【판례】(대법원 1971.3.9. 선고 70도2536 판결)
뇌물수수죄는 필요적 공범으로서 형법총칙의 공범이 아니므로 따로 본조(형법 제30조-공동정범)를 적용할 필요 없다.

(2) 그 내부자들은 형법 총칙의 공범 규정이 적용되지 않는다.

【판례】(대법원 1985.3.12. 선고 84도2747 판결)
대항범은 대립적 범죄로서 2인 이상의 서로 대향된 행위의 존재를 필요로 하는 **필요적 공범관계에 있는 범죄로** 이에는 공범에 관한 형법총칙규정의 적용이 있을 수 없다.

(3) 필요적 공범에 외부에서 타인이 교사나 방조의 형태로 개입하는 경우에는 물론 공범 규정이 적용된다.

【판례】(대법원 1970.7.28. 선고 70도1218 판결)
도박하는 자리에서 도금으로 사용되리라는 점을 알면서 채무변제조로 금원을 교부하였다면 도박을 방조한 행위에 해당한다.

【해설】도박죄는 필요적 공범, 도박에 쓰일 금원을 빌려준 자는 필요적 공범의 외부관여자

Ⅱ. 합동범

1. 의의

(1) 형법 개별 구성요건에 특히 "2인 이상이 합동하여" 범행하도록 규정된 범죄

(2) 특수도주죄(제146조), 특수절도죄(제331조2항), 특수강도죄(제334), 특수강간(성폭 제6조1항), 특수강제추행

2. 본질

현장설(판례). "시간적 장소적 협동관계"

【판례】(대법원 1996.3.22. 선고 96도313 판결)
피고인이 피해자의 형과 범행을 모의하고 피해자의 형이 피해자의 집에서 절취행위를 하는 동안 피고인은 그 집 안의 가까운 곳에 대기하고 있다가 절취품을 가지고 같이 나온 경우, 시간적, 장소적으로 협동관계가 있었다고 보아야 한다.

3. 취급

그 내부자들은 형법총칙의 공동정범 규정이 적용되지 않는다.
필요적 공범에 외부에서 타인이 교사나 방조의 형태로 개입하는 경우에는 물론 공범 규정이 적용된다.

다만, 최근 대법원(98도321)은 시간적 장소적 협동관계가 없더라도 합동범의 공모공동정범의 형식으로 합동범을 인정할 수가 있다고 한다.

【판례】(대법원 1998.5.21. 선고 98도321 전원합의체 판결)

3인 이상의 범인이 합동절도의 범행을 공모한 후 적어도 2인 이상의 범인이 범행 현장에서 시간적, 장소적으로 협동관계를 이루어 절도의 실행행위를 분담하여 절도 범행을 한 경우에는 **공동정범의 일반 이론에 비추어 그 공모에는 참여하였으나 현장에서 절도의 실행행위를 직접 분담하지 아니한 다른 범인에 대하여**도 그가 현장에서 절도 범행을 실행한 위 2인 이상의 범인의 행위를 자기 의사의 수단으로 하여 합동절도의 범행을 하였다고 평가할 수 있는 **정범성의 표지를 갖추고 있다고 보여지는 한** 그 다른 범인에 대하여 **합동절도의 공동정범의 성립**을 부정할 이유가 없다고 할 것이다. 형법 제331조 제2항 후단의 규정이 위와 같이 3인 이상이 공모하고 적어도 2인 이상이 합동절도의 범행을 실행한 경우에 대하여 공동정범의 성립을 부정하는 취지라고 해석할 이유가 없을 뿐만 아니라, 만일 공동정범의 성립가능성을 제한한다면 직접 실행행위에 참여하지 아니하면서 배후에서 합동절도의 범행을 조종하는 수괴는 그 행위의 기여도가 강력함에도 불구하고 공동정범으로 처벌받지 아니하는 불합리한 현상이 나타날 수 있다. 그러므로 합동절도에서도 공동정범과 교사범·종범의 구별기준은 일반원칙에 따라야 하고, 그 결과 범행 현장에 존재하지 아니한 범인도 공동정범이 될 수 있으며, 반대로 상황에 따라서는 장소적으로 협동한 범인도 방조만 한 경우에는 종범으로 처벌될 수도 있다.

Ⅲ. 동시범 (병행범)

1. 의의

수인의 행위자가 상호 의사연락 없이 동일한 행위객체에 대하여 동시 또는 이시에 범행하는 범죄유형

(1) 수인의 행위자가 관련되어 있어야 한다.

행위자가 1인인 경우 동시범이 문제될 수 없다.

【판례】(대법원 1984.5.15. 선고 84도488 판결)

상해죄에 있어서의 동시범은 두사람 이상이 가해행위를 하여 상해의 결과를 가져올 경우에 그 상해가 어느 사람의 가해행위로 인한 것인지가 분명치 않다면 가해자 모두를 공동정범으로 본다는 것이므로 **가해행위를 한 것 자체가 분명치 않은 사람**에 대하여는 동시범으로 다스릴 수 없다.

(2) 상호간에 의사연락이 없어야 한다.

의사 연락이 있는 경우에는 공동정범이 성립한다.

【판례】(대법원 1997.11.28. 선고 97도1740 판결)

2인 이상이 상호의사의 연락이 없이 동시에 범죄구성요건에 해당하는 행위를 하였을 때에는 원칙적으로 각인에 대하여 그 죄를 논하여야 하나, 그 결과발생의 원인이 된 행위가 분명하지 아니한 때에는 각 행위자를 미수범으로 처벌하고(독립행위의 경합), 이 독립행위가 경합하여 특히 상해의 경우에는 공동정범의 예에 따라 처단(동시범)하는 것이므로, **상호의사의 연락이 있어 공동정범이 성립한다면**, 독립행위경합 등의 문제는 아예 제기될 여지가 없다.

(3) 행위객체가 동일해야 한다. "행위 객체의 동일성"

(4) 범행의 시간은 다르더라도 상관없다.

2. 동시범의 처벌

(1) 원인행위가 분명한 경우

원인제공자는 기수, 원인미제공자는 미수

(2) 원인행위가 불분명한 경우

1) 형법 제19조에 의해 발생결과의 미수범으로 각기 처벌된다.

2) 다만, 상해의 결과가 발생한 경우엔 형법 제263조에 의해 공동정범으로 처벌된다.

3) 판례는 상해죄, 상해치사죄, 폭행치상죄, 폭행치사죄에 적용

【판례】폭행치사 O (대법원 2000.7.28. 선고 2000도2466 판결)

시간적 차이가 있는 독립된 상해행위나 폭행행위가 경합하여 사망의 결과가 일어나고 그 사망의 원인된 행위가 판명되지 않은 경우에는 공동정범의 예에 의하여 처벌할 것이다.

【판례】상해치사 O (대법원 1981.3.10. 선고 80도3321 판결)

이시의 독립된 상해행위가 경합하여 사망의 결과가 일어난 경우에 그 원인된 행위가 판명되지 아니한 때에는 공동정범의 예에 의하여야 한다.

【판례】강간치상 X (대법원 1984.4.24. 선고 84도372 판결)

형법 제263조의 동시범은 상해와 폭행죄에 관한 특별규정으로서 동 규정은 그 보호법익을 달리하는 강간치상죄에는 적용할 수 없다.

Ⅳ. 공범이론

1. 정범과 공범의 구별

(1) 객관설

1) **형식적 객관설** - 구성요건을 스스로 행한 자
2) **실질적 객관설** - 행위 가담의 위험성 정도에 따라

(2) 주관설

1) **고의설** - 정범의사로
2) **목적설** - 자기 목적을 위하여

(3) **행위지배설** : 주관적 요소와 객관적 요소의 결합으로 정범과 공범을 구별하는 행위지배설이 타당하다

1) **목적적 행위지배설**

2) <u>기능적 행위지배설 (다수설)</u>
행위지배의 개념을 실행지배(단독정범,직접정범), 의사지배(간접정범), 기능적 행위지배(공동정범)으로 유형화하는 견해

【판례】(대법원 1989.4.11. 선고 88도1247 판결)
공동정범의 본질은 분업적 역할분담에 의한 기능적 행위지배에 있으므로 <u>공동정범은 공동의사에 의한 기능적 행위지배가 있음에 반하여 종범은 그 행위지배가 없는 점에서 양자가 구별된다.</u>

2. 공범의 정범에의 종속성 문제

(1) 정범이 구성요건에 해당하는 실행행위로 나아가야만 이에 종속하여 공범이 성립한다는 "**공범종속성설**"과 교사, 방조행위가 있으면 정범의 실행행위가 없더라도 공범이 성립한다는 "**공범독립성설**"의 대립이 있다.

(2) **통설, 판례**는 공범종속성설!

【판례】(대법원 1981.11.24. 선고 81도2422 판결)
정범의 성립은 교사범, 방조범의 구성요건의 일부를 형성하고 교사범, 방조범이 성립함에는 먼저 정범의 범죄행위가 인정되는 것이 그 전제요건이 되는 것은 공범의 종속성에 연유하는 당연한 귀결이다.

(3) 그렇다면, 공범종속성설에 따라 정범의 행위가 **어느 정도** 나아가야 공범이 성립하는가?

정범의 행위가,(   ) 공범이 성립한다 !

1) **최소한 종속형식** - 구성요건에만 해당하면
2) **제한적 종속형식** - **구성요건에 해당하고, 위법하면** (통, 판례)
3) **극단적 종속형식** - 구성요건에 해당, 위법하며, 책임있어야
4) **초극단적 종속형식** - 범죄성립요건을 충족하고, 가벌요건까지 갖추어야

정범 및 공범에 관한 설명 중 옳은 것은?
① 모해할 목적으로 위증을 교사하였더라도 위증한 정범에게 모해의 목적이 없다면 공범종속성원칙에 따라 교사자를 모해위증죄의 교사범으로 처벌할 수 없다.(X)
② 교사를 받은 자가 범죄의 실행을 승낙하고 실행의 착수에 이르지 아니한 때에는 교사자만 음모 또는 예비에 준하여 처벌한다.(X)
③ 자기의 지휘, 감독을 받는 자를 방조하여 범죄의 결과를 발생하게 한 자는 정범에 정한 형의 장기에 그 2분의 1까지 가중한 형으로 처벌한다.(X)
④ 피해자를 도구로 삼아 피해자의 신체를 이용하여 추행행위를 한 경우에도 강제추행죄의 간접정범에 해당할 수 있다.(O)

2016도17733
피해자를 도구로 삼아 피해자의 신체를 이용하여 추행행위를 한 경우, 강제추행죄의 간접정범에 해당하는지 여부

제2절 공동정범

Ⅰ. 의의

2인 이상이 공동으로 범행하는 것

Ⅱ. 요건

2013도12592
자기무고의 공동정범

1. 서설

(1) 주관적 요건 : 공동실행의 의사 (공모)

(2) 객관적 요건 : 공동실행의 사실

【판례】(대법원 2001.11.9. 선고 2001도4792 판결)
형법 제30조의 공동정범은 2인 이상이 공동하여 죄를 범하는 것으로서, **공동정범이 성립하기 위하여는 주관적 요건**인 공동가공의 의사와 **객관적 요건**인 공동의사에 의한 기능적 행위지배를 통한 범죄의 실행사실이 필요하고, 공동가공의 의사는 공동의 의사로 특정한 범죄행위를 하기 위하여 일체가 되어 서로 다른 사람의 행위를 이용하여 자기의 의사를 실행에 옮기는 것을 내용으로 하는 것이어야 한다.

2. 주관적 요건 : 공동실행의 의사 (공모) ☆★

2015도6809
세월호 사건 공동정범

(1) 행위자 상호간에 공동으로 범행한다는 의사의 연락이 있어야 한다. 연락방법에는 제한이 없다.

【판례】(대법원 2003.3.28. 선고 2002도7477 판결)
피해자 일행을 한 사람씩 나누어 강간하자는 피고인 일행의 제의에 아무런 대답도 하지 않고 따라 다니다가 자신의 강간 상대방으로 남겨진 공소외인에게 일체의 신체적 접촉도 시도하지 않은 채 다른 일행이 인근 숲 속에서 강간을 마칠 때까지 공소외인과 함께 이야기만 나눈 경우, 피고인에게 다른 일행의 강간 범행에 **공동으로 가공할 의사**가 있었다고 볼 수 없다고 한 사례.

(2) 결과적으로 공동자 전원에게 연락이 되면 족하고, 전원이 동시에 합의할 필요 없고 릴레이식 의사연락도 가능하다.

【판례】(대법원 1997.2.14. 선고 96도1959 판결)

2인 이상이 공모하여 범죄에 공동 가공하는 공범관계에 있어서 공모는 법률상 어떤 정형을 요구하는 것이 아니고 공범자 상호간에 직접 또는 간접으로 범죄의 공동실행에 관한 암묵적인 의사연락이 있으면 족한 것으로 비록 전체의 모의과정이 없었다고 하더라도 수인 사이에 의사의 결합이 있으면 공동정범이 성립되는 것이므로, 신문의 부실공사 관련 기사에 대한 해당 건설업체의 반박광고가 있었음에도 재차 부실공사 관련 기사가 나가는 등 그 신문사 기자들과 그 건설업체 대표이사의 감정이 악화되어 있는 상태에서, 그 신문사 사주 및 광고국장이 보도자제를 요청하는 그 건설업체 대표이사에게 자사 신문에 사과광고를 싣지 않으면 그 건설업체의 신용을 해치는 기사가 계속 게재될 것 같다는 기자들의 분위기를 전달하는 방식으로 사과광고를 게재토록 하면서 과다한 광고료를 받은 경우, 공범자(신문사주)가 공갈행위의 실행에 착수한 후 광고국장이 그 범행을 인식하면서 그와 공동의 범의를 가지고 그 후의 공갈행위를 계속하여 재물의 교부나 재산상 이익의 취득에 이른 때에는 공갈죄의 공동정범이 성립한다.

(3) 명시적, 묵시적 연락도 가능하다. 의사의 연락 자체가 결여되면 동시범이 된다.

【판례】(대법원 1983.9.27. 선고 83도1787 판결)

피고인(갑)이 을과 함께 술집에서 같이 자다가 깨어 옆에서 잠든 접대부를 강간하려다가 피해자의 반항으로 목적을 이루지 못하고 포기한 뒤, 뒤이어 잠을 깬 을이 피해자를 강간코자 하였으나 역시 피해자의 반항으로 목적을 이루지 못하고 피해자를 구타하는 것을 적극 만류한 경우, 피고인에 대하여는 을의 강간치상행위에 대한 공모 공동정범의 죄책을 물을 수 없다.

【해설】을은 강간치상죄, 갑은 을의 구타를 적극 만류 하는 등 을의 강간 범행에 가공할 의사는 없었다고 보여 지므로 공동정범은 성립하지 않으며 개별책임의 원칙에 따라 갑은 강간미수죄만 성립한다.

(4) 편면적 공동정범(의사의 상호이해 없이 한 사람만 범죄실행의사를 가진 경우)은 인정되지 않는다.

【판례】(대법원 1985.5.14. 선고 84도2118 판결)

공동정범은 행위자 상호간에 범죄행위를 공동으로 한다는 공동가공의 의사를 가지고 범죄를 공동실행하는 경우에 성립하는 것으로서, 여기에서의 공동가공의 의사는 공동행위자 상호간에 있어야 하며 행위자 일방의 가공의사만으로는 공동정범관계가 성립할 수 없다.

(5) 의사연락의 시기

1) 예모적 공동정범, 우연적 공동정범은 가능하다 (O)

2) 승계적 공동정범

① 공동의 의사가 행위 도중, 즉 실행행위의 일부 종료 후 그 기수 이전에 성립한 경우

② 갑이 강도의 의사로 을에게 폭행을 가하여 반항을 억압한 후 친구인 병에게 그 사실을 이야기하고 공동하여 을의 재물을 탈취한 경우 - 의사 연락 이후의 행위 부분에만 공동정범으로서의 책임을 인정한다. (多,判)

【판례】(대법원 1982.6.8. 선고 82도884 판결)

연속된 향정신성의약품(히로뽕) 제조행위 도중에 공동정범으로 범행에 가담한 자는 비록 그가 그 범행에 가담할 때에 이미 이루어진 종전의 범행을 알았다 하더라도 그 가담 이후의 범행에 대하여만 공동정범으로 책임을 진다.

(6) 과실범의 공동정범

1) 긍정설 - ① 행위공동설(판례)
② 공동행위주체설
③ 과실공동·기능적 행위지배설
④ 과실공동·행위공동설

2) 부정설 - ① 범죄공동설
② 공동의사주체설
③ 목적적 행위지배설
④ 기능적 행위지배설

3) (긍정설의 입장에서) 과실범의 공동정범의 성립요건

① 공동의 注意義務위반
② 구성요건 실현행위의 공동

【판례】 (대법원 1962.3.29. 선고 4294형상598 판결)

피고인(갑)은 부정임산물인 장작을 무면허인 을이 운전하는 화물자동차에 싣고 떠남에 있어 을에게 검문소 앞을 지날 때는 정거하지 말고 통과하자고 말한바, 검문소 전방 약35미터 지점에 이르렀을 때 그 검문소 근무 순경이 정거신호를 하고 있음을 발견하고 을이 정거 할 것 같이 가장하여 속력을 줄이자 갑은 「그냥가자」고 하여 차에 올라 검문을 하려 하였던 순경을 매달고 계속 고속도로 질주한 결과 위의 순경을 추락케 하여 사망케 한 경우, 형법 제30조에 「공동하여 죄를 범한 때」의 「죄」는 고의범이고 과실범이고를 불문한다고 해석하여야 할 것이고 따라서 **공동정범의 주관적 요건인 공동의 의사도 고의를 공동으로 가질 의사임을 필요로 하지 않고 고의 행위이고 과실 행위이고 간에 그 행위를 공동으로 할 의사이면 족하다고 해석하여야 할 것**이므로 2인 이상이 어떠한 과실 행위를 서로의 의사연락 아래 하여 범죄되는 결과를 발생케 한 것이라면 여기에 **과실범의 공동정범**이 성립되는 것이다.

【판례】 (대법원 1997.11.28. 선고 97도1740 판결) 성수대교 붕괴사건

성수대교와 같은 교량이 그 수명을 유지하기 위하여는 건설업자의 완벽한 시공, 감독공무원들의 철저한 제작시공상의 감독 및 유지·관리를 담당하고 있는 공무원들의 철저한 유지·관리라는 조건이 합치되어야 하는 것이므로, 위 **각 단계에서의 과실 그것만으로 붕괴원인이 되지 못한다고 하더라도, 그것이 합쳐지면 교량이 붕괴될 수 있다는 점은 쉽게 예상할 수 있고,** 따라서 위 각 단계에 관여한 자는 전혀 과실이 없다거나 과실이 있다고 하여도 교량붕괴의 원인이 되지 않았다는 등의 특별한 사정이 있는 경우를 제외하고는 붕괴에 대한 **공동책임**을 면할 수 없다.

3. 객관적 요건 : 공동실행의 사실

(1) 행위지배설에 따를 때, 이러한 공동실행의 사실은 역할 분담에 입각한 기능적 행위이면 족하다. 공동가공의 사실은 반드시 구성요건적 사실임을 요하지 않는다.

【판례】 (대법원 2006.12.22. 선고 2006도1623 판결)

공모에 의한 범죄의 공동실행은 모든 공범자가 스스로 범죄의 구성요건을 실현하는 것을 전제로 하지 아니하고, 그 실현행위를 하는 공범자에게 그 행위결정을 강화하도록 협력하는 것으로도 가능하며, 이에 해당하는지 여부는 행위 결과에 대한 각자의 이해 정도, 행위 가담의 크기, 범행지배에 대한 의지 등을 종합적으로 고려하여 판단하여야 한다.

(2) 공모공동정범

1) 2인 이상이 사전에 범죄를 모의하였으나 그 중 일부만이 범죄실행에 참여하고 나머지는 참여하지 않은 경우에?
   - 참여하지 않은 자에게는 공동실행의 사실이 없다.

2) 판례는 사기죄, 공갈죄 등 지능범에 국한하여 공모공동정범을 인정하였으나, 차츰 범위를 확대하여 오늘날에는 방화, 살인, 절도, 강도 등에까지 공모공동정범을 인정한다.

【판례】 (대법원 1983.3.8. 선고 82도3248 판결)
수인이 공모하여 즉 공동범행의 인식으로 범죄를 실행하는 것을 공동정범이라 하나 이 **공모와 범죄의 실행에 있어서는 범인 전원이 동일 일시, 동일장소에서 모의하지 아니하고 순차로 범의의 연락이 이루어짐으로써 그 범의내용에 대하여 포괄적 또는 개별적 의사의 연락이나 인식이 있었으면 범인 전원의 공모관계가 있다**고 할 것이며, 그 실행행위에 있어서도 이에 직접 가담하지 않았다고 하더라도 다른 공모자가 분담 실행한 행위에 대하여도 공동정범으로서의 죄책을 지게 되는 것이다.

【해설】 연세대학교 점거 농성 당시 성명불상의 사수대원이 던진 보도블록에 의한 의경의 사망에 대하여 당시 농성학생들을 지휘하며 사수대원들에게 보도블럭과 벽돌을 던지도록 지시한 (한총련 지휘부에 속했던)피고인 에게 공동정범을 인정한 사례.

【판례】 (대법원 2010.7.15. 선고 2010도3544 판결)
형법 제30조의 공동정범은 **공동가공의 의사**와 그 **공동의사에 의한 기능적 행위지배를 통한 범죄실행**이라는 주관적·객관적 요건을 충족함으로써 성립하므로, 공모자 중 구성요건행위를 직접 분담하여 실행하지 아니한 사람도 위 요건의 충족 여부에 따라 이른바 공모공동정범으로서의 죄책을 질 수도 있다. 한편 **구성요건행위를 직접 분담하여 실행하지 아니한 공모자가 공모공동정범으로 인정되기 위하여는** 전체 범죄에 있어서 그가 차지하는 지위·역할이나 범죄경과에 대한 지배 내지 장악력 등을 종합하여 그가 단순한 공모자에 그치는 것이 아니라 **범죄에 대한 본질적 기여를 통한 기능적 행위지배**가 존재하는 것으로 인정되어야 한다.

(3) 합동범의 공모공동정범

대법원 전원합의체 (98도321) - 합동범의 공모공동정범의 성립을 인정하고 있다.

1) 98년 전원합의체 이전 판결 내용

【사실관계】 갑, 을, 병은 재물을 절취하기로 공모한 후 갑은 방법만 제시하고 을과 병이 현장에 가서 재물을 절취한 경우

【판례】 (대법원 1976.7.27. 선고 75도2720 판결)
형법 331조 2항 후단 소정 합동절도에는 주관적 요건으로서 공모외에 객관적 요건으로서 시간적으로나 장소적으로 협동관계가 있는 실행행위의 분담이 있어야 하므로 **"갑"이 공모한 내용대로 국도상에서 "을" "병" 등이 당일 마을에서 절취하여 온 황소를 대기하였던 트럭에 싣고 운반한 행위**는 시간적으로나 장소적으로 절취행위와 협동관계가 있다고 할 수 없어 합동절도죄로 문의할 수는 없으나 공동정범에 있어서 범죄행위를 공모한 후 그 실행행위에 직접 가담하지 아니하더라도 다른 공범자의 죄책을 면할 수 없으니 "갑"이 수위는 본건 공소사실의 범위에 속한다고 보아지므로 "갑"은 일반 절도죄의 공동정범 또는 합동절도 방조로서의 죄책을 면할 수 없다.

【해설】 을, 병은 특수절도죄
갑은 특수절도죄의 공동정범
(그 전에는 갑을 절도죄의 공동정범으로 판시)

2) **【사실관계】** 주점지배인 갑은 X에게 술을 먹여 신용카드를 빼앗고 비밀번호를 알아냈다. 그 후 갑은 을, 병, 정과 현금을 인출하여 공동분배하기로 공모하였고, 갑이 X를 주점에 잡아두고 감시하는 동안 을, 병, 정은 신용카드로 500만원 인출한 경우

【판례】 (대법원 1998.5.21. 선고 98도321 전원합의체 판결)
3인 이상의 범인이 합동절도의 범행을 공모한 후 적어도 2인 이상의 범인이 범행 현장에서 시간적, 장소적으로 협동관계를 이루어 절도의 실행행위를 분담하여 절도 범행을 한 경우에는 공동정범의 일반 이론에 비추어 그 공모에는 참여하였으나 현장에서 절도의 실행행위를 직접 분담하지 아니한 다른 범인에 대하여도 그가 현장에서 절도 범행을 실행한 위 2인 이상의 범인의 행위를 자기 의사의 수단으로 하여 합동절도의 범행을 하였다고 평가할 수 있는 정범성의 표지를 갖추고 있다고 보여지는 한 그 다른 범인에 대하여 합동절도의 공동정범의 성립을 부정할 이유가 없다고 할 것이다. 형법 제331조 제2항 후단의 규정이 위와 같이 3인 이상이 공모하고 적어도 2인 이상이 합동절도의 범행을 실행한 경우에 대하여 **만일 공동정범의 성립가능성을 제한한다**면 직접 실행행위에 참여하지 아니하면서 배후에서 합동절도의 범행을 조종하는 수괴는 그 행위의 기여도가 강력함에도 불구하고 공동정범으로 처벌받지

이때, 절도 범행의 현장에 있지 않았던 범인에 대하여 합동범의 공동정범을 인정할 수 있을 것인가의 문제이다.

판) 합동범의 공동정범이 성립한다.
일부 학설) 시간적 장소적 협동의 정범성을 갖추지 못하였으므로 합동범의 공동정범은 될 수 없고, 단순범죄의 공동정범과 합동범의 교사 또는 방조범의 상상적 경합이 된다는 의견.

아니하는 불합리한 현상이 나타날 수 있으므로 합동절도에서도 공동정범과 교사범·종범의 구별기준은 일반원칙에 따라야 하고, 그 결과 범행현장에 존재하지 아니한 범인도 공동정범이 될 수 있으며, 반대로 상황에 따라서는 장소적으로 협동한 범인도 방조만 한 경우에는 종범으로 처벌될 수도 있다.

【해설】 갑은 강도죄, 특수절도죄의 공동정범
을, 병, 정은 특수절도죄

Ⅲ. 공동정범의 처벌

1. 일부실행 · 전부책임

(1) 공동정범은 정범으로 처벌한다. (제30조)
(2) 불법에 대한 전부책임의 원칙
(3) 법정형은 같고, 처단형과 선고형이 각각에 따라 달라질 수 있음

(4) **【사실관계】** 갑 을 병이 등산용 칼을 이용하여 노상강도를 하기로 공모한 후, 갑은 차안에서 망을 보고, 을 병은 차에서 내려 금품을 강취하려했는데, 우연히 현장을 목격한 X를 을이 소지 중이었던 등산용 칼로 살해한 경우?

【판례】 (대법원 1990.11.27. 선고 90도2262 판결)
피고인들이 등산용 칼을 이용하여 노상강도를 하기로 공모한 사건에서 범행 당시 차안에서 망을 보고 있던 **피고인 갑이나** 등산용 칼을 휴대하고 있던 피고인 을과 함께 차에서 내려 피해자로부터 금품을 강취하려 했던 **피고인 병으로서는** 그때 우연히 현장을 목격하게 된 다른 피해자를 피고인 을이 소지 중인 등산용 칼로 살해하여 강도살인행위에 이를 것을 전혀 **예상하지 못하였다고 할 수 없으므로** 피고인들 모두는 강도치사죄로 의율처단함이 옳다.

【해설】 갑, 을, 병 : 강도치사죄

[**] 현행형법
을은 강도살인죄, 갑, 병은 강도치사죄가 된다.

(5) **【사실관계】** 갑, 을은 절도를 공모하였고, 갑이 x의 담배창구에서 물건을 훔쳐 나오는 동안 을은 망을 보기로 했는데 현장에서 망을 보던 을이 인기척소리에 놀라 도망간 후에 갑은 x에게 발각되자 체포를 면하기 위하여 폭행하여 상처를 입혔으나 물건을 가지고 나오지 못했다.

현행 형법
제338조(강도살인 · 치사) 강도가 사람을 살해한 때에는 사형 또는 무기징역에 처한다. 사망에 이르게 한 때에는 무기 또는 10년 이상의 징역에 처한다. [전문개정 1995. 12. 29.]
(개정 前- 강도가 사람을 살해하거나 치사한 때에는 사형 또는 무기징역에 처한다)

【판례】 (대법원 1984.2.28. 선고 83도3321 판결)
절도를 공모한 피고인(을)이 다른 공모자 (갑)의 **폭행행위에 대하여 사전 양해나 의사의 연락이 전혀 없었고,** 범행장소가 빈 가게로 알고 있었고, 위 (갑)이 담배창구를 통하여 가게에 들어가 물건을 절취하고 피고인은 **밖에서 망을 보던 중 예기치 않았던 인기척 소리가 나므로 도주**해버린 이후에 위 (갑)이 창구에 몸이 걸려 빠져 나오지 못하게 되어 피해자에게 붙들리자 체포를 면탈할 목적으로 피해자에게 폭행을 가하여 상해를 입힌 것이고, 피고인은 그동안 상당한 거리를 도주하였을 것으로 추정되는 상황하에서는 피고인이 위 (갑)의 폭행행위를 전연 **예기할 수 없었다**고 보여지므로 피고인에게 준강도상해죄의 공동책임을 지울 수 없다.

【해설】 갑은 강도상해, 을은 특수절도죄의 미수

(6) 결과적 가중범의 공동정범 - 예견가능성 필요 (현재 판례)

【판례】 기본범죄를 공모할 것, 실행행위의 분담은 요구하지 않음 (대법원 1991.10.11. 선고 91도1755 판결)
공동정범의 주관적 요건인 공모는 공범자 상호간에 범죄의 공동실행에 관한 의사의 결합만 있으면 족하고, 이와 같은 공모가 이루어진 이상 실행행위에 관여하지 않더라도 다른 공범자의 행위에 대하여 형사책임을 지는 것인바, **피고인이 여러 공범들과 피해자를 상해하기로 공모하고, 피고인 등은 상피고인의 사무실에서 대기하고, 실행행위를 분담한 공모자 일부가 사건현장에 가서 위 피해자를 상해하여 사망케 하였다면** 피고인은 상해치사 범죄의 공동정범에 해당한다.

【판례】 행위를 공동으로 할 의사, 결과를 공동으로 할 의사는 요구하지 않음 (대법원 1993.8.24. 선고 93도1674 판결)
결과적 가중범인 상해치사의 공동정범은 폭행 기타의 신체침해**행위를 공동으로 할 의사가 있으면 성립**되고, 결과를 공동으로 할 의사는 필요 없다.

【판례】 중한 결과에 대한 예견가능성이 존재 할 것을 요구함 (대법원 2000.5.12. 선고 2000도745 판결)
결과적 가중범인 상해치사죄의 공동정범은 폭행 기타의 신체침해 행위를 공동으로 할 의사가 있으면 성립되고 결과를 공동으로 할 의사는 필요 없으며, **여러 사람이 상해의 범의로 범행 중 한 사람이 중한 상해를 가하여 피해자가 사망에 이르게 된 경우** 나머지 사람들은 사망의 결과를 예견할 수 없는 때가 아닌 한 상해치사의 죄책을 면할 수 없다.

2. 책임감면, 가벌성, 양형에서의 독립성

(1) 공동정범 중 1인에 대한 책임조각사유, 형의 가중 감면사유, 인적 처벌조각사유가 있을 때에 그것은 다른 공동정범에게 영향을 미치지 않는다.
(2) 작량감경은 공동정범 각자에게 독립적으로 적용된다.

제3절 간접정범

Ⅰ. 의의와 본질

1. 간접정범의 의의

(1) 타인을 도구로 이용하여 범죄를 실행하는 자. 意思支配
(2) 이 경우의 타인은 자연인과 국가기관을 포함하는 개념이다.

(3) **제34조1항(간접정범)** 어느 행위로 인하여 처벌되지 아니하는 자 또는 과실범으로 처벌되는 자를 교사 또는 방조하여 범죄행위의 결과를 발생하게 한 자는 교사 또는 방조의 예에 의하여 처벌한다.

2. 간접정범의 본질 : 간접정범은 정범인가, 공범인가? 하는 문제

(1) 정범으로 보는 견해 : 확장적 정범개념이론(구성요건적 결과 발생에 조건을 설정한 자는 모두 정범!. 공범규정은 정범의 처벌범위를 축소하는 사유), 공범종속성설, 행위지배설

(2) 공범으로 보는 견해 : 제한적 정범개념이론(구성요건해당 행위를 스스로 한 자만이 정범!. 공범은 정범의 처벌을 확장하는 사유), 공범독립성설

Ⅱ. 간접정범의 성립요건

1. 피이용자의 범위

(1) 어느 행위로 인하여 처벌되지 않는 자 1) 구성요건해당성, 2) 위법성 또는 3) 책임이 없어 범죄를 성립시키지 않는 자 (2) 과실범으로 처벌되는 자

(1) 어느 행위로 인하여 처벌되지 않는 자

1) 구성요건해당성이 없는 피이용자

① 피이용자의 행위가 객관적 구성요건요소를 결한 경우

i) 진정신분범에서 신분자가 신분 없는 고의 있는 도구를 이용한 경우

ii) 이용자의 강요, 기망에 의해서 피이용자가 자살, 자상한 경우

【판례】 기망에 의하여 자살케 한 경우 (86도2395 판결)
피고인이 7세, 3세 남짓 된 어린자식들에 대하여 함께 죽자고 권유하여 물속에 따라 들어오게 하여 결국 익사하게 하였다면 비록 피해자들을 물속에 직접 밀어서 빠뜨리지는 않았다고 하더라도 자살의 의미를 이해할 능력이 없고 피고인의 말이라면 무엇이나 복종하는 어린 자식들을 권유하여 익사하게 한 이상 살인죄의 범의는 있었음이 분명하다.(살인죄의 간접정범)

【판례】 강요에 의하여 자상케 한 경우(70도1638 판결)
피고인은 동거한 사실이 있는 피해자에게 피고인을 탈영병이라고 헌병대에 신고한 이유와 다른 남자와 정을 통한 사실들을 추궁하면서 소지 중인 면도칼 1개로 "네가 네 코를 자르지 않을 때는 돌로서 죽인다"는 등 위협을 가해 자신의 생명에 위험을 느낀 동 여인은 자신의 생명을 보존하기 위하여 위 면도칼로 콧등을 길이 2.5센치, 깊이 0.56센치 절단함으로서 동 여인에게 전치 3개월을 요하는 상처를 입혀 안면부 불구가 되게 한 경우, 피고인에게 상해의 결과에 대한 인식이 있고 또 그 협박의 정도가 피해자의 의사결정의 자유를 상실케 함에 족한 것인 이상 피고인에게 대하여 상해죄를 구성한다.

【해설】 피해자의 자상행위는 상해죄의 구성요건해당성이 없는데, 피고인은 그 행위를 이용하여 피해자에게 상해를 가하였으므로 상해죄의 간접정범이 성립한다.

② 피이용자의 행위가 주관적 구성요건요소를 결한 경우

i) 피이용자의 고의가 없고 과실범 처벌규정도 없을 때
(고의없는 도구의 이용)

【판례】 (대법원 1996.10.11. 선고 95도1706 판결)
경찰서 보안과장인 피고인이 갑의 음주운전을 눈감아주기 위하여 그에 대한 음주운전자 적발보고서를 찢어버리고, 부하로 하여금 일련번호가 동일한 가짜 음주운전 적발보고서에 을에 대한 음주운전 사실을 기재케 하여 **그 정을 모르는 담당 경찰관**

으로 하여금 주취운전자 음주측정처리부에 을에 대한 음주운전 사실을 기재하도록 한 이상, 을이 음주운전으로 인하여 처벌을 받았는지 여부와는 관계없이 허위공문서작성 및 동 행사죄의 간접정범으로서의 죄책을 면할 수 없다.

ⅱ) 목적범에서 피이용자의 목적이 없을 때
(목적없는 고의있는 도구의 이용)

【판례】(대법원 1997.4.17. 선고 96도3376 전원합의체 판결)
범죄는 '어느 행위로 인하여 처벌되지 아니하는 자'를 이용하여서도 이를 실행할 수 있으므로, **내란죄**의 경우에도 '국헌문란의 목적'을 가진 자가 그러한 목적이 없는 자를 이용하여 이를 실행할 수 있다.

【판례】(대법원 1983.6.14. 선고 83도515 전원합의체 판결)
형법 제34조 제1항이 정하는 소위 간접정범은 어느 행위로 인하여 처벌되지 아니하는 자 또는 과실범으로 처벌되는 자를 교사 또는 방조하여 범죄행위의 결과를 발생케 하는 것으로 이 **어느 행위로 인하여 처벌되지 아니하는 자**는 시비를 판별할 능력이 없거나 강제에 의하여 의사의 자유를 억압당하고 있는 자, 구성요건적 범의가 없는 자와 목적범이거나 신분범일 때 그 목적이나 신분이 없는 자, 형법상 정당방위, 정당행위, 긴급피난 또는 자구행위로 인정되어 위법성이 없는 자 등을 말하는 것으로 이와 같은 책임무능력자, 범죄사실의 인식이 없는 자, 의사의 자유를 억압당하고 있는 자, 목적범, 신분범인 경우 그 목적 또는 신분이 없는 자 위법성이 조각되는 자 등을 마치 도구나 손발과 같이 이용하여 간접으로 죄의 구성요소를 실행한 자를 간접정범으로 처벌하는 것이다.

2) 위법성이 없는 피이용자

피이용자의 행위가 정당방위, 긴급피난, 정당행위일 때

【판례】(대법원 2006.5.25. 선고 2003도3945 판결)
감금죄는 간접정범의 형태로도 행하여질 수 있는 것이므로, **인신구속에 관한 직무를 행하는 자 또는 이를 보조하는 자가 피해자를 구속하기 위하여 진술조서 등을 허위로 작성한 후 이를 기록에 첨부하여 구속영장을 신청하고, 진술조서 등이 허위로 작성된 정을 모르는 검사와 영장전담판사를 기망하여 구속영장을 발부받은 후 그 영장에 의하여 피해자를 구금하였다**면 형법 제124조 제1항의 직권남용감금죄가 성립한다.

3) **책임성이 없는 피이용자**

① 책임무능력자를 이용한 경우

② 금지착오로 인한 책임조각자(회피불가능한 금지착오자)를 이용한 경우

③ 강요된 행위자를 이용한 경우

④ 기대불가능성으로 인한 책임조각자를 이용한 경우

4) **범죄 성립되는(구성요건해당하고, 위법하며 책임있는) 피이용자의 경우**

① 정범배후정범이론 인정 여부

ⅰ) 고의범으로 처벌되는 자를 이용한 때에도 일정한 경우에는 간접정범이 성립할 수 있다는 이론 **(Roxin, 독통설, 우리 소수설)**

ⅱ) 그러나 공범이 성립하거나 공동정범이 된다.

② 유형

ⅰ) 객체의 착오를 유도한 경우

ⅱ) 조직적 권력구조를 통해 범죄를 실현한 경우 - "조직지배"

ⅲ) 회피가능한 금지착오에 빠진 자를 이용한 경우

(2) 과실범으로 처벌되는 피이용자를 이용한 경우

2. 이용행위 (교사, 방조)

(1) 이때의 교사 방조의 의미는 의사지배를 내포한 사주, 이용을 뜻하는 것으로서 교사범과 종범의 교사, 방조가 의사지배를 내포하지 않은 것과 구별된다.

(2) 부작위에 의한 간접정범의 성립 - 부정설이 다수설

3. 실행착수와 결과발생

간접정범의 실행착수시기 - 피이용자를 이용하기 시작한 때

Ⅲ. 간접정범의 처벌

간접정범은 교사 또는 방조의 예에 의하여 처벌한다. (제34조)

Ⅳ. 특수교사·방조

제34조2항(특수한 교사·방조에 대한 형의 가중) 자기의 지휘·감독을 받는 자를 교사 또는 방조하여 전항의 결과를 발생하게 한 자는 **교사인 때에는** 정범에 정한 형의 장기 또는 다액의 그 2분의 1까지 가중하고, **방조인 때에는** 정범의 형으로 처벌한다.

제4절 교 사 범

Ⅰ. 의의

범죄 의사가 없는 타인에게 범죄를 결의케 하는 것

【판례】(대법원 2000.2.25. 선고 99도1252 판결)
교사범이 성립하기 위해서는 교사자의 교사행위와 정범의 실행행위가 있어야 하는 것이므로, 정범의 성립은 교사범의 구성요건의 일부를 형성하고 교사범이 성립함에는 정범의 범죄행위가 인정되는 것이 그 전제요건이 된다.

Ⅱ. 요건

1. 주관적 요건 : 2중적 고의

(1) 교사의사
(2) 범죄의 고의

1) 고의는 특정되어야 한다.
막연히 살인하라, 강도하라는 사주는 교사라 볼 수 없다.
2) 기수의 고의여야 한다.
∴ 함정수사 - 불가벌

2. 객관적 요건

(1) 교사행위가 있어야 한다.

【판례】(대법원 1991.5.14. 선고 91도542 판결)
피고인이 갑, 을, 병이 절취하여 온 장물을 상습으로 19회에 걸쳐 시가의 3분의1 내지 4분의 1의 가격으로 매수하여 취득하여 오다가, 갑, 을에게 일제 도라이바 1개를 사주면서 "병이 구속되어 도망 다니려면 돈도 필요할텐데 열심히 일을 하라(도둑질을 하라)"고 말하였다면, 그 취지는 종전에 병과 같이 하던 범위의 절도를 다시 계속하면 그 장물은 매수하여 주겠다는 것으로서 절도의 교사가 있었다고 보아야 한다.

【판례】(대법원 1984.5.15. 선고 84도418 판결)
피고인이 연소한 제1심 상피고인에게 **"밥값을 구하여 오라"**고 말한 것이 절도범행을 교사한 것이라고 볼 수 없다.

(2) 부작위에 의한 교사 - 부정설이 다수설

3. 피교사자의 범죄실행

(1) 피교사자의 행위는 구성요건해당성과 위법성을 갖추어야 한다.
(공범종속성설 중 제한적 종속설 - 통, 판)

(2) 피교사자의 실행행위가 기수이면 교사자도 기수로, 피교사자의 실행행위가 미수에 그치면 교사자도 역시 미수로 처벌된다.

(3) 피교사자가 교사에 응하지 않았거나, 교사에 응하기는 하였으나 실행착수를 하지 않은 경우는 교사자는 예비음모로 처벌된다. [기도된 교사]

(4) 편면적 교사는 인정되지 아니한다.

(5) 피교사자에게는 범죄행위에 대한 고의가 인정되어야 한다. 즉 피교사자의 행위가 과실에 그칠 때(과실범에 대한 교사)에는 교사가 성립되지 않는다. 왜냐하면 이 경우에는 제34조1항에 의하여 간접정범으로 처벌되기 때문이다.

Ⅲ. 처벌

1. 정범과 동일한 형으로 처벌한다. (제32조1항)
2. 이때에도 처단형과 선고형은 다를 수 있다.

Ⅳ. 관련문제

1. 교사의 착오

(1) 피교사자에 대한 착오 (2) 실행행위에 대한 착오

(1) 피교사자에 대한 착오

1) 책임무능력자로 알고 교사했는데, 사실은 책임능력자인 경우
2) 책임능력자로 알고 교사했는데, 사실은 책임무능력자인 경우

책임능력에 대한 인식은 교사자의 고의의 내용에 포함되지 않으므로 교사범 성립에 아무런 영향 없다.

(2) 실행행위에 대한 착오

1) 구체적 사실의 착오 2) 추상적 사실의 착오

1) 구체적 사실의 착오

① 피교사자의 객체의 착오는 교사자에게 방법의 착오가 된다.

② 피교사자의 방법의 착오의 경우에는?

i) 법정적 부합설 : 실현된 범죄의 교사범이 된다.
ii) 구체적 부합설 : 교사한 범죄의 예비·음모(31②)와 실현된 범죄의 상상적 경합으로 처벌

2) 추상적 사실의 착오

① 교사 내용보다 적게 실행한 경우
: 실행 범위 안에서 교사범의 책임을 진다

ex) 살인교사 → 살인미수 : 살인미수의 교사범
강도교사 → 절도실행 : 절도교사범과 강도예비음모가 되어 상상적 경합 (→ 중한 강도예비음모로 처벌!)
특수절도 교사 → 절도실행 : 절도교사범
업무방해교사 → 업무방해미수 : 무죄 (미수범처벌규정이 없기 때문)

② 교사 내용보다 초과하여 실행한 경우(양적 초과)

: 초과부분의 책임을 지지 않는다. 다만, 결과로 인하여 형이 중한 죄에서 결과에 대하여 교사자에게 과실이 있는 경우에 결과적 가중범의 교사가 성립된다.

ex) 절도교사 → 강도실행 : 절도죄의 교사범
상해교사 → 살인실행 : 상해죄의 교사범 (이때 교사자에게 과실이 있는 경우에는 결과적 가중범의 교사범이 성립한다. 즉 상해치사죄의 교사범 성립)

③ 질적 초과(완전히 다른 구성요건)

: 교사자는 질적 초과에 대한 책임을 지지 않는다. 다만, 예비·음모로 처벌된다. (왜냐하면 제31조2항에 의해서 "효과 없는 교사"에 해당하기 때문에) - 규정이 있어야 예비음모로 처벌되는 것. 처벌규정 없으면? 무죄!

【판례】 양적초과의 경우 과실(예견가능성)이 부정된 경우
(대법원 1997.6.24. 선고 97도1075 판결)
[1] 교사자가 피교사자에게 피해자를 **"정신차릴 정도로 때려주라"**고 교사하였다면 이는 상해에 대한 교사로 봄이 상당하다.
[2] **교사자가 피교사자에 대하여 상해를 교사하였는데 피교사자가 이를 넘어 살인을 실행한 경우,** 일반적으로 교사자는 상해죄에 대한 교사범이 되는 것이고, 다만 이 경우 **교사자에게 피해자의 사망이라는 결과에 대하여 과실 내지 예견가능성이 있는 때에는** 상해치사죄의 교사범으로서의 죄책을 지울 수 있다.

【해설】 사안에서 피고인은 피해자의 사망이라는 결과를 예측하였다거나 또는 피해자의 사망의 결과에 대하여 과실이 있었다고 인정하기 어렵다고 하여 **상해죄의 교사범**을 인정한 사례.

【판례】 양적초과 과실(예견가능성)이 인정된 경우
(대법원 1993.10.8. 선고 93도1873 판결)
피고인은 자신의 영업에 관하여 사사건건 방해를 하면서 협박을 해 오던 피해자를 보복하기 위하여 피해자의 경호원으로 있다가 사이가 나빠진 공소외인을 소개받아 착수금 명목으로 금 5,000,000원을 제공하면서 동인으로 하여금 피해자에게 **중상해를 가해 활동을 못하도록 교사하였는데, 공소외인은 피해자의 온몸을 칼로 찔러 살해**하였고, 그 당시 상황으로 보아 피고인(교사자)은 중상해를 가하면 피해자가 죽을 수도 있다는 점을 예견할 가능성이 있었으므로 **상해치사죄의 교사범**이 성립한다.

2. 교사의 교사 (간접교사) - 교사범으로 처벌(多)

타인에게 제3자를 교사하여 범죄를 실행케 한 경우
타인을 교사하였는데, 그 자가 다시 제3자를 교사하여 실행케 한 경우

3. 교사의 미수

(1) 〔기도된 교사〕+〔'교사행위는 성공하였으나 피교사자가 실행에 착수하였지만 미수에 그친 경우'(→ 이때에는 교사범도 미수 책임을 진다)〕

(2) 기도(企圖)된 교사

1) **실패된 교사** : 교사를 하였으나 피교사자가 범죄의 실행을 승낙하지 아니하거나 이미 범죄 실행의 결의를 하고 있는 경우

2) **효과 없는 교사** : 피교사자가 교사를 승낙하기만 하고 아무런 행위를 하지 아니한 경우와 행위를 하였으나 그것이 예비, 음모에 그친 경우 및 실행에 착수하였으나 그것이 불가벌적 미수에 그친 경우

제5절 종 범

Ⅰ. 의의

1. 방조범이라고도 한다.

2. 방조란 용이하도록 도와주는 것

3. 공동정범은 공동의사에 의한 기능적 행위지배가 있음에 반하여, 종범은 행위지배가 없다.

4. 타인 범죄를 방조하는 행위가 독립된 구성요건으로 규정되어 있는 때에 형법 제32조 규정이 적용될 수 없다. (도주원조, 자살방조, 아편흡식 등 장소제공)

【판례】(대법원 1979.2.27. 선고 78도3113 판결)
방조죄는 정범의 범죄에 종속하여 성립하는 것으로서 방조의 대상이 되는 정범의 실행행위의 착수가 없는 이상 방조죄만이 독립하여 성립될 수 없다.

Ⅱ. 성립요건

1. 주관적 요건 : 이중의 고의

【판례】(대법원 2005.4.29. 선고 2003도6056 판결)
형법상 방조행위는 정범이 범행을 한다는 정을 알면서 그 실행행위를 용이하게 하는 직접·간접의 행위를 말하므로, 방조범은 정범의 실행을 방조한다는 이른바 **방조의 고의**와 정범의 행위가 구성요건에 해당하는 행위인 점에 대한 **정범의 고의**가 있어야 한다.

2. 방조행위

(1) 방조행위의 방법

1) 제한이 없다.
무형적 방법(조언, 격려, 정보제공 등)과
유형적 방법(범행도구나 장소 제공, 자금의 제공)

cf. 편면적 교사 - 인정되지 않음

cf. 부작위에 의한 교사 - 부정설(다수설)

【판례】 (대법원 2000.8.18. 선고 2000도1914 판결)
형법상 방조행위는 정범이 범행을 한다는 정을 알면서 그 실행행위를 용이하게 하는 직접, 간접의 모든 행위를 가리키는 것인바, **자동차운전면허가 없는 자에게 승용차를 제공하여 그로 하여금 무면허운전을 하게 하였다면** 이는 도로교통법위반(무면허운전) 범행의 방조행위에 해당한다.

2) 편면적 종범은 종범으로서 인정된다.

【판례】 (대법원 1974.5.28. 선고 74도509 판결)
방조범은 종범으로서 정범의 존재를 전제로 하는 것이다. 즉 정범의 범죄행위 없이 방조범만이 성립될 수는 없다. 이른바 **편면적 종범**에 있어서도 그 이론은 같다.

(2) 부작위에 의한 방조 : 가능하다.

이 경우 방조자에게 보증인적 지위에 의한 작위의무가 있었어야 한다.

【판례】 (대법원 1984.11.27. 선고 84도1906 판결)
형법상 방조는 작위에 의하여 정범의 실행행위를 용이하게 하는 경우는 물론, **직무상의 의무가 있는 자가 정범의 범죄행위를 인식하면서도 그것을 방지하여야 할 제반조치를 취하지 아니하는 부작위로 인하여 정범의 실행행위를 용이하게 하는 경우에도 성립된다** 할 것이므로, **은행지점장이 정범인 부하직원들의 범행을 인식하면서도 그들의 은행에 대한 배임행위를 방치하였다면** 배임죄의 방조범이 성립된다.

(3) 방조의 시기

1) **실행착수하기 이전**에도 가능하다.

【판례】 (대법원 1997.4.17. 선고 96도3377 전원합의체 판결)
종범은 정범의 실행행위 중에 이를 방조하는 경우는 물론이고 **실행의 착수 전에 장래의 실행행위를 예상하고 이를 용이하게 하는 행위를 하여 방조한 경우**에도 **정범이 그 실행행위에 나아갔다면** 성립한다.

2) **기수로 된 이후에도 범행이 종료되기 전**에는 방조 성립이 가능하다.

【판례】 (대법원 1982.4.27. 선고 82도122 판결)
진료부는 환자의 계속적인 진료에 참고로 공하여지는 진료상황부이므로 **간호보조원의 무면허 진료행위가 있은 후에 이를 의사가 진료부에다 기재하는 행위**는 정범의 실행행위종료 후의 단순한 사후행위에 불과하다고 볼 수 없고 무면허 의료행위의 방조에 해당한다.

3) 하지만 **범죄가 종료된 후**에는 방조가 성립할 수 없고, 그 자체가 독립적인 범죄로 될 수 있는가의 문제가 생긴다. 증거인멸죄나 범인은닉죄 성립의 문제. 이를 **사후방조**라고 하는데, 방조가 아니라 독립된 범죄이다. 절도를 마친 후 훔친 물건을 운반하면 절도방조가 아니라 독립된 장물운반죄가 성립된다.

【판례】(대법원 1982.4.27. 선고 82도122 판결)
종범은 정범의 실행행위 전이나 실행행위 중에 정범을 방조하여 그 실행행위를 용이하게 하는 것을 말하므로 **정범의 범죄종료 후**의 이른바 사후방조를 종범이라고 볼 수 없다.

3. 정범의 범죄 실행

(1) 정범이 실행착수에 이르지 않은 경우, 즉 실패한 방조나 효과 없는 방조(기도된 방조)는 처벌대상이 되지 않는다.
(2) 이는 기도된 교사(31②,③)와 같은 규정이 종범에는 없기 때문이다.

Ⅲ. 처벌

종범의 형은 정범의 형보다 감경한다.

Ⅳ. 종범의 착오

강도를 방조했으나 절도가 실행된 경우 - 방조자는 절도죄의 종범

【판례】(대법원 1985.2.26. 선고 84도2987 판결)
방조자의 인식과 피방조자의 실행간에 착오가 있고 양자의 구성요건을 달리한 경우에는 원칙적으로 방조자의 고의는 조각되는 것이나, 그 구성요건이 중첩되는 부분이 있는 경우에는 그 중복되는 한도내에서만 방조자의 죄책을 인정하여야 할 것이므로 위 사실인정과 같이 피고인이 **정범이 특정범죄가중처벌등에관한법률 제6조 제2항에 해당하는 범죄행위를 한것을 전연 인식하지 못하고 오로지 관세법 제180조에 해당하는 범죄를 방조하는 것으로만 인식하였다면** 특정범죄가중처벌등에관한법률 제6조 제2항의 방조범으로서 처벌할 수는 없고 동 죄와 구성요건이 중복되는 관세법 제180조의 종범으로서만 처벌하여야 한다.

제6절 공범과 신분

제33조(공범과 신분) 신분관계로 성립되는 범죄에 가공한 행위는 신분관계가 없는 자에게도 전3조(공동정범,교사범,종범)의 규정을 적용한다. 단, 신분관계로 형의 경중이 있을 때는 중한 형으로 처벌하지 아니한다.

Ⅰ. 신분

1. 신분이란 범죄의 성립이나 형의 가감에 영향을 미치는 일신적 특성·관계·상태를 말한다.

2. 신분의 계속성은 요건이 아니다.

3. **행위자**관련적 요소이어야 하며, **행위**관련적 요소인 주관적 불법요소는 신분에서 제외된다. 다만, **판례**는 **주관적불법요소인 목적도 신분**이라는 입장이다.

【판례】(대법원 1994.12.23. 선고 93도1002 판결)
가. **형법 제33조 소정의 이른바 신분관계라 함은** 남녀의 성별, 내·외국인의 구별, 친족관계, 공무원인 자격과 같은 관계뿐만 아니라 널리 일정한 범죄행위에 관련된 범인의 인적관계인 특수한 지위 또는 상태를 지칭하는 것이다.
나. 형법 제152조 제1항과 제2항은 위증을 한 범인이 형사사건의 피고인 등을 **'모해할 목적'**을 가지고 있었는가 아니면 그러한 목적이 없었는가 하는 범인의 특수한 상태의 차이에 따라 범인에게 과할 형의 경중을 구별하고 있으므로, 이는 바로 형법 제33조 단서 소정의 "신분관계로 인하여 형의 경중이 있는 경우"에 해당한다고 봄이 상당하다.

Ⅱ. 형법 제33조의 해석론

1. 본문

(1) "신분관계로 성립되는 범죄"의 의미

1) 통설 - 진정신분범만을 의미한다
2) 소수설, 판례 - 진정신분범뿐만 아니라 부진정신분범도 포함.
단서는 부진정신분범의 과형, 처벌을 규정한 것

(2) "전3조의 규정을 적용한다"의 의미

1) 전3조 - 공동정범(제30조), 교사범(제31조), 종범(제32조)을 뜻한다.
2) 직접정범이나, 간접정범은 포함될 수 없다. (통설)

(3) 적용범위 - 33조 본문의 적용범위

비신분자가 신분자에 가공한 경우에만 적용된다. 신분자가 비신분자에게 가공한 경우에는 간접정범이 성립하고, 본문은 여기에 적용될 수 없다. (통설)

2. 단서

(1) "신분관계로 인하여 형의 경중이 있는 경우에는 중한 형으로 벌하지 아니한다"의 의미

1) 통설 - 33조 단서는 부진정신분범의 공범성립과 과형에 대한 규정
2) 소수설, 판례 - 부진정신분범의 과형에 대한 규정

【판례】(대법원 1986.10.28. 선고 86도1517 판결)
은행원이 아닌 자가 은행원들과 공모하여 업무상 배임죄를 저질렀다 하여도, 이는 업무상 타인의 사무를 처리하는 신분관계로 인하여 형의 경중이 있는 경우이므로, 그러한 신분관계가 없는 자에 대하여서는 형법 제33조 단서에 의하여 형법 제355조 제2항(배임죄)에 따라 처단하여야 한다.

【해설】 판례에 따르면 성립(33조 본문) : 업무상배임
과형(33조 단서) : 배임죄

【판례】(대법원 1961.8.2. 선고 4294형상284)
실자와 더불어 남편을 살해한 처는 존속살해죄의 공동정범이다.

【해설】 판례에 따르면 성립(33조 본문) : 존속살해죄
과형(33조 단서) : 보통살인죄

(2) 가감적 신분에서 형의 가중, 감경사유는 신분자 일신에 한하고, 공범에는 미치지 않는다. 통설은 이를 책임개별화의 원칙에 따른 것이라고 본다.

【판례】(대법원 1997.12.26. 선고 97도2609 판결)
상호신용금고법 제39조 제1항 제2호 위반죄는 상호신용금고의 발기인·임원·관리인·청산인·지배인 기타 상호신용금고의 영업에 관한 어느 종류 또는 특정한 사항의 위임을 받은 사용인이 그 업무에 위배하여 배임행위를 한 때에 성립하는 것으로서, 이는 위와 같은 지위에 있는 자의 배임행위에 대한 형법상의 배임 내지 업무상배임죄의 가중규정이고, 따라서 형법 제355조 제2항의 배임죄와의 관계에서는 신분관계로 인하여 형의 경중이 있는 경우라고 할 것이다. 그리고 위와 같은 **신분관계가 없는 자가 그러한 신분관계에 있는 자와 공모하여 위 상호신용금고법위반죄를 저질렀다면**, 그러한 신분관계가 없는 자에 대하여는 형법 제33조 단서에 의하여 형법 제355조 제2항에 따라 처단하여야 할 것인바, 그러한 경우에는 신분관계가 없는 자에게도 일단 **업무상배임**으로 인한 상호신용금고법 제39조 제1항 제2호 위반죄가 성립한 다음 형법 제33조 단서에 의하여 중한 형이 아닌 형법 제355조 제2항(**단순배임죄**)에 정한 형으로 처벌되는 것이다.

(3) 단서의 적용범위

본문과 달리, 단서의 경우에는 비신분자가 신분자에 가공한 경우뿐만 아니라 신분자가 비신분자에게 가공하여 부진정신분범을 범한 경우에도 적용된다. (이론 없음)

【판례】신분자가 비신분자에게 가공하여 부진정신분범을 범한 경우 (대법원 1984.4.24. 선고 84도195 판결)
상습도박의 죄나 상습도박방조의 죄에 있어서의 **상습성은** 행위의 속성이 아니라 **행위자의 속성으로서** 도박을 반복해서 거듭하는 습벽을 말하는 것인 바, **도박의 습벽이 있는 자가 타인의 도박을 방조하면** 상습도박방조의 죄에 해당하는 것이며, 도박의 습벽이 있는 자가 도박을 하고 또 도박방조를 하였을 경우 상습도박방조의 죄는 무거운 상습도박의 죄에 포괄시켜 1죄로서 처단하여야 한다.

제7장 죄 수 론

제1절 서설

Ⅰ. 죄수 결정의 기준

1. 행위표준설

(1) 자연적 의미의 행위의 수에 의하여 죄수를 결정하는 견해(객관주의)

(2) 행위표준설에 의하면, **연속범**은 수죄가 되고, **상상적 경합**은 일죄가 된다.

(3) 대법원은 **강간과 추행의 죄**, **간통죄**에 대하여 원칙적으로 행위표준설에 입각. **공갈죄**에서도 협박행위마다 하나의 죄라고 함

【판례】 강간과 추행의 죄 (대법원 1982.12.14. 선고 82도2442 판결)
미성년자의제강간죄 또는 미성년자의제강제추행죄는 **행위시마다** 1개의 범죄가 성립한다.

【판례】 공갈죄 (대법원 1958.4.11. 선고 4290형상360)
동일인에 대하여 여러 차례에 걸쳐 금전갈취를 위한 협박의 서신이나 전화를 한 경우에 포괄일죄가 아니라 1개의 협박**행위마다** 1개의 공갈미수죄가 성립한다.

2. 법익 표준설

(1) 행위에 의하여 침해 또는 위태롭게 되는 법익의 수, 또는 행위로부터 발생하는 결과의 수를 가지고 죄수를 결정하는 견해 (객관주의)이다.

(2) 법원은 원칙적으로 **법익표준설**을 취하고 있고, 다만, **포괄일죄(특히, 연속범)**의 경우는 **의사표준설**을 취하고 있다.

【판례】 (대법원 2001.12.28. 선고 2001도6130 판결)
수인의 피해자에 대하여 각별로 기망행위를 하여 각각 재물을 편취한 경우에는 범의가 단일하고 범행방법이 동일하더라도 각 피해자의 **피해법익은 독립한 것**이므로 이를 포괄일죄로 파악할 수 없고 피해자별로 독립한 사기죄가 성립된다.

* 연속범 –
상점 점원 갑이 주인 을의 물건을 수일동안 계속하여 절취하는 것
– 객관적 요건 (법익의 동일성, 침해의 동종성, 시간적장소적 계속성) + 주관적 요건 (연쇄고의)

* 상상적 경합 –
1개의 행위를 통하여 수개의 형벌법규 또는 동일한 형벌법규를 수차 침해하는 경우
(제40조)

(3) 법익표준설에 따르면 상상적 경합은 실질상 수죄가 된다.

3. 의사표준설 (주관주의 범죄론)

【판례】 (대법원 1987.5.12. 선고 87도694 판결)
피해자를 1회 강간하여 상처를 입게한 후 약 1시간후에 장소를 옮겨 같은 피해자를 다시 1회 강간한 행위는 그 범행시간과 장소를 달리하고 있을 뿐만 아니라 각 **별개의 범의**에서 이루어진 행위로서 형법 제37조 전단의 실체적 경합범에 해당한다.

4. 구성요건표준설

【판례】 (대법원 2001.3.13. 선고 2000도4880 판결)
원래 조세포탈범의 죄수는 위반사실의 **구성요건 충족 회수를 기준**으로 1죄가 성립하는 것이 원칙이다.

제2절 일 죄

Ⅰ. 법조경합

1. 의의

1개 또는 수개의 행위가 외견상 수개의 구성요건에 해당하는 것처럼 보이지만 실제로는 한 구성요건이 다른 구성요건을 배척하기 때문에 (이중평가금지원칙) 형법상 일죄로 되는 경우

2. 유형

(1) **특별관계** : 특별법은 일반법에 우선된다.

보통살인죄(250①)에 대한 존속살인죄 또는 영아살해죄(251)
단순절도죄(329)에 대한 특수절도죄(331)
폭행죄(260)에 대한 특수폭행죄(261)

【판례】(대법원 2008.12.11. 선고 2008도9182 판결)
음주로 인한 특정범죄가중처벌 등에 관한 법률 위반(위험운전치사상)죄는 그 입법 취지와 문언에 비추어 볼 때, 주취상태의 자동차 운전으로 인한 교통사고가 빈발하고 그로 인한 피해자의 생명·신체에 대한 피해가 중대할 뿐만 아니라, 사고발생 전 상태로의 회복이 불가능하거나 쉽지 않은 점 등의 사정을 고려하여, **형법 제268조에서 규정하고 있는 업무상과실치사상죄의 특례**를 규정하여 가중처벌함으로써 피해자의 생명·신체의 안전이라는 개인적 법익을 보호하기 위한 것이다. 따라서 그 죄가 성립하는 때에는 차의 운전자가 형법 제268조의 죄를 범한 것을 내용으로 하는 **교통사고처리특례법 위반죄**는 그 죄에 흡수되어 별죄를 구성하지 아니한다.

【비교판례】(대법원 2008.11.13. 선고 2008도7143 판결)
음주로 인한 특정범죄가중처벌 등에 관한 법률 위반(위험운전치사상)죄와 **도로교통법 위반(음주운전)죄**는 입법 취지와 보호법익 및 적용영역을 달리하는 별개의 범죄이므로, 양 죄가 모두 성립하는 경우 두 죄는 실체적 경합관계에 있다.

【판례】(대법원 2002.5.16. 선고 2002도51 전원합의체 판결)
[1] **폭행 또는 협박으로 부녀를 강간한 경우**에는 강간죄만 성립하고, 그것과 별도로 강간의 수단으로 사용된 폭행·협박이 형법상의 폭행죄나 협박죄 또는 폭력행위등처벌에관한법률위반의 죄를 구성한다고는 볼 수

없으며, 강간죄와 이들 각 죄는 이른바 **법조경합**의 관계일 뿐이다.
[2] 성폭력범죄의처벌및피해자보호등에관한법률이 시행된 이후에도 여전히 친고죄로 남아 있는 강간죄의 경우, 고소가 없거나 고소가 취소된 경우 또는 강간죄의 고소기간이 경과된 후에 고소가 있는 때에는 강간죄로 공소를 제기할 수 없음은 물론, 나아가 그 **강간범행의 수단으로 또는 그에 수반하여 저질러진 폭행·협박**의 점 또한 강간죄의 구성요소로서 그에 흡수되는 법조경합의 관계에 있는 만큼 이를 따로 떼어내어 폭행죄·협박죄 또는 폭력행위등처벌에관한법률위반의 죄로 공소제기할 수 없다고 해야 마땅하고, 이는 만일 이러한 공소제기를 허용한다면, 강간죄를 친고죄로 규정한 취지에 반하기 때문이므로 결국 그와 같은 공소는 공소제기의 절차가 법률에 위반되어 무효인 경우로서 형사소송법 제327조 제2호에 따라 공소기각의 판결을 하여야 한다.

(2) **보충관계** : 기본법은 보충법에 우선된다.

1) 명시적 보충관계(법률의 규정에 의하여) : 일반이적죄(99)와 외환유치죄(92), 여적죄(93), 모병이적죄(94)

2) 묵시적 보충관계(법률의 해석에 의하여) : 예비는 미수, 기수에 대하여, 미수는 기수에 대하여, 추상적위험범은 구체적위험범에 대하여, 방조범은 교사범에 대하여, 과실은 고의범에 대하여 보충관계에 선다.

【판례】(대법원 1965.9.28. 선고 65도695 판결)
살해의 목적으로 동일인에게 일시 장소를 달리하고 수차에 걸쳐 단순한 예비행위를 하거나 또는 공격을 가하였으나 미수에 그치다가 드디어 그 목적을 달성한 경우에 그 예비행위 내지 공격행위가 동일한 의사발동에서 나왔고 그 사이에 범의의 갱신이 없는 한 각 행위가 같은 일시 장소에서 행하여 졌거나 또는 다른 장소에서 행하여 졌거나를 막론하고 또 그 방법이 동일하거나 여부를 가릴 것 없이 그 살해의 목적을 달성할 때까지의 행위는 모두 실행행위의 일부로서 이를 포괄적으로 보고 단순한 한 개의 살인기수죄로 처단할 것이지 살인예비 내지 미수죄와 동 기수죄의 경합죄로 처단 할 수 없는 것이다.

(3) **흡수관계** : 전부법은 부분법을 폐지한다.

1) 어떤 범행의 불법과 책임의 내용 속에 타 범행의 그것을 함께 포함하면서 특별관계나 보충관계가 아닌 경우. 즉 전형적으로 어떤 범죄가 중한 구성요건의 실현도중(**불가벌적 수반행위**) 혹은 그 후에(**불가벌적 사후행위**) 행해지는 경우를 말한다.

2) 불가벌적 수반행위

ex) 자동차절취에 수반된 그 속의 휘발유절취행위
살인행위에 수반된 의복에 대한 손괴행위
낙태죄와 부녀의 신체상해행위

【판례】 (대법원 1992.6.9. 선고 92도77 판결)
신용카드업법 제25조 제1항은 신용카드를 위조·변조하거나 도난·분실 또는 위조·변조된 신용카드를 사용한 자는 7년 이하의 징역 또는 5천만 원 이하의 벌금에 처한다고 규정하고 있는바, 위 부정사용죄의 구성요건적 행위인 신용카드의 사용이라 함은 **신용카드의 소지인이 신용카드의 본래 용도인 대금결제를 위하여 가맹점에 신용카드를 제시하고 매출표에 서명하여 이를 교부하는 일련의 행위**를 가리키고 단순히 신용카드를 제시하는 행위만을 가리키는 것은 아니라고 할 것이므로, 위 매출표의 서명 및 교부가 별도로 사문서위조 및 동행사의 죄의 구성요건을 충족한다고 하여도 이 사문서위조 및 동행사의 죄는 위 신용카드부정사용죄에 흡수되어 신용카드부정사용죄의 1죄만이 성립하고 별도로 사문서위조 및 동행사의 죄는 성립하지 않는다.

【판례】 (대법원 1982.6.22. 선고 82도705 판결)
감금을 하기 위한 수단으로서 행사된 단순한 협박행위는 감금죄에 흡수되어 따로 협박죄를 구성하지 아니한다.

【비교판례】 (대법원 1997.1.21. 선고 96도2715 판결)
감금행위가 강간죄나 강도죄의 수단이 된 경우에도 감금죄는 강간죄나 강도죄에 흡수되지 아니하고 별죄를 구성한다.

3) 불가벌적 사후행위

① 의의
i) 범죄로 획득한 위법한 이익을 이용하거나 확보하는 행위가 구성요건해당행위임에도, 그 침해대상은 선행된 범죄에서 이미 침해된 법익이므로 따로 범죄를 구성하지 않는 경우
ii) 상태범의 사후행위에 인정된다.

② 요건
i) 주된범죄와 보호법익을 같이 하거나 침해의 양을 초과하지 않아야 한다.
ii) 사후행위는 독립된 범죄의 구성요건에 해당하여야 한다.
iii) 재산죄에 한하지 않는다. (간첩의 국가기밀누설)

ⅳ) 주된 행위가 처벌받았을 것을 요하지 않는다.
ⅴ) 제3자에 대한 관계에서는 불가벌이 아니다
(사후행위에 관여한 공범은 처벌가능)

③ 해당 사례

【판례】 절취한 금반지를 매각하는 경우 (대법원 1986.9.9. 선고 86도1273 판결)
장물죄는 타인(본범)이 불법하게 영득한 재물의 처분에 관여하는 범죄이므로 자기의 범죄에 의하여 영득한 물건에 대하여는 성립하지 아니하고 이는 불가벌적 사후행위에 해당한다.

【판례】 절취한 수표로 대금으로 교부하고 거스름돈을 환불받은 경우 (대법원 1987.1.20. 선고 86도1728 판결)
금융기관발행의 자기앞수표는 그 액면금을 즉시 지급받을 수 있어 현금에 대신하는 기능을 하고 있으므로 절취한 자기앞수표를 현금대신으로 교부한 행위는 절도행위에 대한 가벌적 평가에 당연히 포함되는 것으로 봄이 상당하다 할 것이므로 **절취한 자기앞수표를 음식대금으로 교부하고 거스름돈을 환불받은 행위**는 절도의 불가벌적 사후처분행위로서 사기죄가 되지 아니한다.

【판례】 횡령물의 반환을 거부한 경우 (대법원 1999.11.26. 선고 99도2651 판결)
명의신탁 받아 보관 중이던 토지를 명의신탁자의 승낙 없이 제3자에게 근저당권설정등기를 경료해 준 경우 위 **토지 전체에 대한 횡령죄**가 성립하며, **그 후 다시 피해자의 승낙 없이 다른 사람에게 이를 매도하더라도** 이는 소위 불가벌적 사후행위에 해당하는 횡령물의 처분행위로서 별개의 횡령죄를 구성하지 아니한다.

【판례】 장물취득한 자가 이를 보관하다가 그 후 임의처분한 경우 (대법원 1976.11.23. 선고 76도3067 판결)
절도범인으로부터 장물보관의뢰를 받은 자가 그 정을 알면서 이를 인도받아 보관하고 있다가 임의처분하였다 하여도 장물보관죄가 성립되는 때에는 이미 그 소유자의 소유물추구권을 침해하였으므로 그 후의 횡령행위는 불가벌적 사후행위에 불과하여 별도로 횡령죄가 성립하지 않는다.

④ 불가벌적사후행위에 해당하지 않는 경우 *

i) 절취한 장물을 피해자에게 매각 한 행위 - 사기죄
ii) 절도 교사범이 그 장물을 매수한 경우 - 장물취득죄
iii) 자기 소유 건조물에 방화한 후 보험금을 신청한 경우 - 사기죄

【판례】 예금통장을 갈취하여 예금을 인출한 경우 - 사문서위조 및 동행사죄와 공갈죄 (대법원 1979.10.30. 선고 79도489 판결)
예금통장과 인장을 갈취한 후 예금 인출에 관한 사문서를 위조한 후 이를 행사하여 예금을 인출한 행위는 공갈죄 외에 별도로 사문서위조, 동행사 및 사기죄가 성립한다.

【판례】 절취한 전당표로 전당물을 편취한 경우 - 사기죄 (대법원 1980.10.14. 선고 80도2155 판결)
절취한 전당표를 제3자에게 교부하면서 자기 누님의 것이니 찾아 달라고 거짓말을 하여 이를 믿은 제3자가 전당포에 이르러 그 종업원에게 전당표를 제시하여 기망케 하고 전당물을 교부받게 하여 편취하였다면 이는 사기죄를 구성하는 것이다.

【판례】 절취한 장물을 자기 것인 것처럼 제3자에게 금원 편취 한 경우 - 사기죄 (대법원 1980.11.25. 선고 80도2310 판결)
절도범인이 절취한 장물을 자기 것인양 제3자에게 담보로 제공하고 금원을 편취한 경우에는 별도의 사기죄가 성립된다.

【판례】사람을 살해한 후 사체유기한 경우 - 사체유기죄 별도 성립 (대법원 1984.11.27. 선고 84도2263 판결)
사람을 살해한 다음 그 범죄의 흔적을 은폐하기 위하여 그 시체를 다른 장소로 옮겨 유기하였을 때에는 살인죄와 사체유기죄의 경합범이 성립하고 사체유기를 불가벌적 사후행위라 할 수 없다.

【판례】 횡령 교사범이 그 물건을 취득 한 경우 - 장물취득죄 (대법원 1969.6.24. 선고 69도692 판결)
횡령 교사를 한 후 그 횡령한 물건을 취득한 때에는 횡령교사죄와 장물취득죄의 경합범이 성립된다.

【판례】 절취한 타인의 신용카드로 현금자동지급기에서 현금을 인출한 경우 - 신용카드 부정사용죄, 절도죄 (대법원 1996.7.12. 선고 96도1181 판결)
신용카드를 절취한 후 이를 사용한 경우 신용카드의 부정사용행위는 새로운 법익의 침해로 보아야 하고 그 법익침해가 절도범행보다 큰 것이 대부분이므로 위와 같은 부정사용행위가 절도범행의 불가벌적 사후행위가 되는 것은 아니다.

【판례】 대마 취급자가 아닌 자가 절취한 대마를 흡입할 목적으로 소지한 경우 - 무허가 대마소지죄 (대법원 1999.4.13. 선고 98도3619 판결)
대마취급자가 아닌 자가 절취한 대마를 흡입할 목적으로 소지하는 행위는 절도죄의 보호법익과는 다른 새로운 법익을 침해하는 행위이므로 절도죄의 불가벌적 사후행위로서 절도죄에 포괄흡수된다고 할 수 없고 절도죄 외에 별개의 죄를 구성한다고 할 것이며, 절도죄와 무허가대마소지죄는 경합범의 관계에 있다.

【판례】 영업비밀이 담긴 타인의 재물을 절취하여 그 영업비밀을 부정사용한 경우 - 부정경쟁방지및영업비밀보호에관한 법률상 영업비밀부정사용죄 (대법원 2008.9.11. 선고 2008도5364 판결)
부정한 이익을 얻거나 기업에 손해를 가할 목적으로 그 기업에 유용한 영업비밀이 담겨 있는 타인의 재물을 절취한 후 그 영업비밀을 사용하는 경우, 영업비밀의 부정사용행위는 새로운 법익의 침해로 보아야 하므로 위와 같은 부정사용행위가 절도범행의 불가벌적 사후행위가 되는 것은 아니다.

Ⅱ. 포괄일죄

1. 의의

수개의 행위가 포괄적으로 1개의 구성요건에 해당하여 1죄를 구성하는 경우를 말한다. (통설)

2. 유형

(1) 결합범

1) 개별적으로 독립된 범죄의 구성요건에 해당하는 수개의 행위가 결합하여 1개의 범죄를 구성하는 경우

2) 강도죄는 폭행죄 또는 협박죄와 절도죄, 강도살인죄는 강도죄와 살인죄

【판례】 (대법원 2001.8.21. 선고 2001도3447 판결)
절도범이 체포를 면탈할 목적으로 체포하려는 여러 명의 피해자에게 같은 기회에 폭행을 가하여 그 중 1인에게만 상해를 가하였다면 이러한 행위는 포괄하여 하나의 강도상해죄만 성립한다.

(2) 계속범

1) 구성요건적 행위가 기수에 이름으로써 행위자는 위법한 상태를 야기하고, 구성요건적 행위에 의하여 그 상태가 유지되는 범죄
2) 주거침입죄, 감금죄
3) ex) 감금 피해자가 2일 후 탈출한 것을 다시 잡아서 2일 더 감금→
   2개 감금죄가 아니라, 1개의 4일간 감금죄

(3) 접속범

1) 동일한 법익에 대하여 수개의 행위가 불가분하게 접속하여 행하여지는 것
2) 칼로 여러 번 찔러 살해하는 것 - 1개의 살인죄

【판례】(대법원 1970.7.21. 선고 70도1133 판결)
단일범의로서 절취한 시간과 장소가 접착되어 있고 같은 관리인의 관리하에 있는 방 안에서 소유자를 달리하는 두 사람의 물건을 절취한 경우에는 1개의 절도죄가 성립한다.

(4) 연속범

1) 상점 점원 갑이 주인 을의 물건을 수일동안 계속하여 절취하는 것
2) 객관적 요건 (법익의 동일성, 침해의 동종성, 시간적장소적 계속성)
   + 주관적 요건 (연쇄고의)

【판례】(대법원 1998.2.10. 선고 97도2836 판결)
여러 개의 뇌물수수행위가 있는 경우에 그것이 **단일하고 계속된 범의하에 동종의 범행을 일정 기간 반복하여 행한 것이고, 그 피해법익도 동일한 경우에는 각 범행을 통틀어 포괄일죄**로 볼 것이지만, 그러한 범의의 **단일성과 계속성을 인정할 수 없을 때에는 각 범행마다 별개의 죄가 성립하는 것으로서 경합범**으로 처단하는 것이 마땅하다.

(5) 집합범 (영업범, 직업범, 상습범)

【판례】(대법원 1966.9.20. 선고 66도928 판결)
무면허의료행위는 그 범죄의 구성요건의 성질상 동종행위의 반복이 예상되는 것이므로 반복된 수개의 행위는 포괄적으로 한 개의 범죄로서 처단되어야 할 것이다.

3. 처리

실체법상 1죄이므로 하나의 죄로 처벌한다.

[*] 수죄를 여기서 판단하는 문제가 아니다.

[*] 수죄를 전제로 수죄를 어떻게 처벌할 것인지의 문제를 공부

[*] 경합이라는 것은 수죄를 전제로 한다.

제3절 수 죄

Ⅰ. 상상적경합범

1. 의의

1개의 행위를 통하여 수개의 형벌법규 또는 동일한 형벌법규를 수차 침해하는 경우 (제40조)

2. 관련문제

(1) 고의범과 과실범 (O)

(2) 결과적 가중범 (O)

【판례】(대법원 1998.12.8. 선고 98도3416 판결)
피고인들이 피해자들의 재물을 강취한 후 그들을 살해할 목적으로 현주건조물에 방화하여 사망에 이르게 한 경우, 피고인들의 행위는 강도살인죄와 현주건조물방화치사죄에 모두 해당하고 그 두 죄는 상상적 경합범관계에 있다.

(3) 부작위범간의 경우 (O)

(4) 작위범과 부작위범 (X)

(5) 계속범의 경우

1) 불법감금중에 강간의 고의가 생겨 강간한 경우 - 실체적 경합

【판례】(대법원 2003.1.10. 선고 2002도4380 판결)
감금행위가 단순히 강도상해 범행의 수단이 되는 데 그치지 아니하고 강도상해의 범행이 끝난 뒤에도 계속된 경우에는 1개의 행위가 감금죄와 강도상해죄에 해당하는 경우라고 볼 수 없고, 이 경우 감금죄와 강도상해죄는 형법 제37조의 경합범 관계에 있다.

2) 강간의 목적으로 감금하여 강간한 경우 - 상상적 경합

【판례】 (대법원 1983.4.26. 선고 83도323 판결)
강간죄의 성립에 언제나 직접적으로 또 필요한 수단으로서 감금행위를 수반하는 것은 아니므로 **감금행위가 강간미수죄의 수단이 되었다** 하여 감금행위는 강간미수죄에 흡수되어 범죄를 구성하지 않는다고 할 수는 없는 것이고, 그때에는 감금죄와 강간미수죄는 일개의 행위에 의하여 실현된 경우로서 형법 제40조의 상상적 경합관계에 있다.

(6) 행위의 부분적 동일성과 관련한 소위 연결효과에 의한 상상적 경합의 가능성

1) 연결효과에 의한 상상적경합을 인정한 판례

① 수뢰후 부정처사죄와 공도화변조 및 동행사죄

【판례】 (대법원 2001.2.9. 선고 2000도1216 판결)
형법 제131조 제1항의 수뢰후부정처사죄에 있어서 공무원이 수뢰후 행한 부정행위가 공도화변조 및 동행사죄와 같이 보호법익을 달리 하는 별개 범죄의 구성요건을 충족하는 경우에는 수뢰후부정처사죄 외에 별도로 공도화변조 및 동행사죄가 성립하고 이들 죄와 수뢰후 부정처사죄는 각각 상상적 경합 관계에 있다고 할 것인바, 이와 같이 공도화변조죄와 동행사죄가 수뢰후부정처사죄와 각각 상상적 경합범 관계에 있을 때에는 공도화변조죄와 동행사죄 상호간은 실체적 경합범 관계에 있다고 할지라도 상상적 경합범 관계에 있는 수뢰후부정처사죄와 대비하여 가장 중한 죄에 정한 형으로 처단하면 족한 것이고 따로이 경합범 가중을 할 필요가 없다.

② 업무상배임죄와 사문서위조 및 동행사죄

3. 상상적 경합의 법적 효과

(1) 실체법적 효과

1) 수개의 죄 중에서 가장 중한 죄에 정한 형으로 처벌 (제40조)
2) 가장 중한 죄에 정한 형이란 법정형

(2) 전체적 대조주의

형의 경중은 형법 제50조에 따르되, 형의 상한과 하한을 모두 대조하여 전체적으로 중한 형으로 각각 결정

【판례】(대법원 2006.1.27. 선고 2005도8704 판결)
형법 제40조가 규정하는 1개의 행위가 수개의 죄에 해당하는 경우에는 '가장 중한 죄에 정한 형으로 처벌한다.' 함은 그 수개의 죄명 중 가장 중한 형을 규정한 법조에 의하여 처단한다는 취지와 함께 다른 법조의 최하한의 형보다 가볍게 처단할 수는 없다는 취지 즉, 각 법조의 상한과 하한을 모두 중한 형의 범위 내에서 처단한다는 것을 포함하는 것으로 새겨야 한다.

Ⅱ. 경합범

1. 한사람에 의하여 범해진

1) 판결이 확정되지 아니한 수개의 죄 **(동시적 경합범)**
2) 금고이상의 형에 처한 판결이 확정된 죄와 그 판결확정 전에 범한 죄 **(사후적 경합범)**

2. 효과

(1) 동시적 경합범의 처벌 (제38조1항)

1) 흡수주의 (1호)

2) 가중주의 (2호)
판례는 경합범의 각 죄에 선택형이 규정되어 있는 경우에는 먼저 형종을 선택하고, 가장 중한 죄에 정한 선택된 형의 장기 또는 다액의 2분의 1까지 가중한다. (71도1834)

【판례】(대법원 1971.11.23. 선고 71도1834)
경합범 중 2개 이상의 형에 해당하는 것이 있는 때에는 먼저 형의 선택을 하고, 징역 또는 금고에 처할 것인 경우에 있어서 형법 제38조, 제50조에 의하여 형을 정하여야 할 것이다.

3) 병과주의 (3호)

(2) 사후적경합범의 처벌

1) 형의 선고

제39조1항(판결을 받지 아니한 경합범)
["개정된 조문"] 경합범 중 판결을 받지 아니한 죄가 있는 때에는 **그 죄와 판결이 확정된 죄를 동시에 판결할 경우와 형평을 고려하여 그 죄에 대하여 형을 선고한다.** 이 경우 그 형을 감경 또는 면제할 수 있다.

[개정 전] 경합범중 판결을 받지 아니한 죄가 있는 때에는 **그 죄에 대하여 형을 선고한다.**

"그 형을 감경 또는 면제할 수 있다"라는 것 : 법률상 감경의 경우는 유기징역을 예로 들면 그 형기의 1/2을 감경하나, 사후적 경합범의 경우는 그 이하로도 감경할 수 있다.

2) 형의 집행

구 형법(1개의 경합범에 대해 수개의 판결이 있는 때에는 제38조의 예에 의하여 집행한다 - 제39조2항)은 필요가 없게 되어 삭제되었다.

죄수 및 경합에 관한 설명 중 옳은 것은?

① 허위공문서작성죄와 동행사죄가 수뢰후부정처사죄와 각각 상상적 경합관계에 있을지라도 허위공문서작성죄와 동행사죄 상호 간은 실체적 경합범관계에 있으므로 따로이 경합가중을 해야 한다.(X)
② 감금행위가 단순히 강도상해 범행의 수단이 되는 데 그치지 아니하고 강도상해의 범행이 끝난 뒤에도 계속된 경우에는 1개의 행위가 감금죄와 강도상해죄에 해당하는 경우라고 볼 수 있다.(X)
③ 건물관리인이 건물주로부터 월세임대차계약 체결업무를 위임받고도 임차인들을 속여 전세임대차계약을 체결하고 그 보증금을 편취한 경우, 사기죄와 업무상배임죄의 상상적 경합관계에 해당한다.(X)
④ 신용협동조합의 전무가 그 조합의 담당직원을 기망하여 예금인출금 또는 대출금 명목으로 금원을 교부받은 경우, 사기죄와 업무상배임죄의 상상적 경합관계에 해당한다.(O)

허위공문서작성죄와 동행사죄가 수뢰후 부정처사죄와 각각 상상적 경합관계에 있을 때에는 허위공문서작성죄와 동행사죄 상호간은 실체적 경합범관계에 있다고 할지라도 상상적 경합범관계에 있는 수뢰후 부정처사죄와 대비하여 가장 중한 죄에 정한 형으로 처단하면 족한 것이고 따로이 경합가중을 할 필요가 없다.(83도1378)

2010도10690
업무상배임과 사기

제3편 형 벌 론

제1절 형벌의 의의와 종류

Ⅰ. 자유형

1. 징역

제67조(징역) 징역은 형무소 내에서 구치하여 정역에 복무하게 한다.

제42조(징역 또는 금고의 기간) 징역 또는 금고는 무기 또는 유기로 하고 유기는 1개월 이상 30년 이하로 한다. 단, 유기징역 또는 유기금고에 대하여 형을 가중하는 때에는 50년까지로 한다.

2. 금고

제68조(금고와 구류) 금고와 구류는 형무소 내에 구치한다.

3. 구류

제46조(구류) 구류는 1일 이상 30일 미만으로 한다.

Ⅱ. 재산형

1. 벌금

제45조, 제69조, 제70조, 제71조

제62조(집행유예의 요건) ①3년 이하의 징역이나 금고 또는 **500만원 이하의 벌금의 형을 선고할 경우에** 제51조의 사항을 참작하여 그 정상에 참작할 만한 사유가 있는 때에는 1년 이상 5년 이하의 기간 형의 집행을 유예할 수 있다. 다만, 금고 이상의 형을 선고한 판결이 확정된 때부터 그 집행을 종료하거나 면제된 후 3년까지의 기간에 범한 죄에 대하여 형을 선고하는 경우에는 그러하지 아니하다.

2. 과료

제47조(과료) 과료는 2천원 이상 5만원 미만으로 한다.

3. 몰수

(1) 의의

범죄의 반복을 방지하거나 범죄로부터 이득을 얻지못하게 할 목적으로 범죄행위와 관련된 재산을 박탈하여 이를 국고에 귀속시키는 재산형

제48조(몰수의 대상과 추징) ①범인이외의 자의 소유에 속하지 아니하거나 범죄후 범인이외의 자가 정을 알면서 취득한 다음 기재의 물건은 전부 또는 일부를 몰수할 수 있다.
1. 범죄행위에 제공하였거나 제공하려고 한 물건.
2. 범죄행위로 인하여 생하였거나 이로 인하여 취득한 물건.
3. 전 2호의 대가로 취득한 물건.
②전항에 기재한 물건을 몰수하기 불능한 때에는 그 가액을 추징한다.
③문서, 도화, 전자기록 등 특수매체기록 또는 유가증권의 일부가 몰수에 해당하는 때에는 그 부분을 폐기한다.

제49조(몰수의 부가성) 몰수는 타형에 부가하여 과한다. 단, 행위자에게 유죄의 재판을 아니할 때에도 몰수의 요건이 있는 때에는 몰수만을 선고할 수 있다.

(2) 법적성질 : 부가적 형벌설 (판례)

【판례】(대법원 1979.4.10. 선고 78도3098 판결)
몰수에 갈음하는 추징은 부가형적 성질을 띠고 있어 그 주형에 대하여 선고를 유예하는 경우에는 그 부가할 추징에 대하여도 선고를 유예할 수 있으나, 그 주형에 대하여 선고를 유예하지 아니하면서 이에 부가할 추징에 대하여서만 선고를 유예할 수는 없다.

(3) 종류 : 임의적몰수(원칙),

필요적몰수(예외 - 뇌물죄의 뇌물, 아편에 관한 죄의 아편·몰핀이나 그 화합물·아편흡식기, 배임수재죄의 재물은 반드시 몰수해야 한다)

(4) 요건

1) 몰수의 대물적 요건 (48조①)

【판례】범죄행위에 제공하였거나 제공하려고 한 물건 (대법원 2002.9.24. 선고 2002도3589 판결)
피해자로 하여금 사기도박에 참여하도록 유인하기 위하여 고액의 수표를 제시해 보인 경우, 형법 제48조 소정의 몰수가 임의적 몰수에 불과하여 법관의 자유재량에 맡겨져 있고, 위 수표가 직접적으로 도박자금으로 사용되지 아니하였다 할지라도, 위 수표가 피해자로 하여금 사기도박에 참여하도록 만들기 위한 수단으로 사용된 이상, 이를 몰수할 수 있다.

【판례】 범죄행위로 인하여 생하였거나 이로 인하여 취득한 물건 (대법원 1976.9.28. 선고 75도3607)
수뢰의 목적이 금전소비대차계약에 의한 금융이익이어서 그 금융이익이 뇌물이 되는 경우 **소비대차의 목적인 금원 그 자체는 뇌물이 아니므로** 대여로 받은 그 금원 자체는 본조에 의하여 몰수 또는 추징 할 수 없고 이는 범죄행위로 인하여 취득한 물건으로서 피고인 이외의 자의 소유에 속하지 아니하므로 본법 제48조 제1항 제2호에 의하여 몰수할 것이다.

【판례】 전2호의 대가로 취득한 물건 (대법원 1969.1.21. 선고 68도 1672 판결)장물을 처분하여 그 대가로 취득한 압수물은 몰수할 것이 아니라 피해자에게 교부하여야 할 것이다.

2) 몰수의 대인적 요건 (48조 본문)

【판례】 (대법원 2006.11.23. 선고 2006도5586 판결)
형법 제48조 제1항의 '범인'에는 공범자도 포함되므로 피고인의 소유물은 물론 공범자의 소유물도 그 공범자의 소추 여부를 불문하고 몰수할 수 있고, 여기에서의 공범자에는 **공동정범, 교사범, 방조범**에 해당하는 자는 물론 **필요적 공범**관계에 있는 자도 포함된다.

(5) 추징 (48조②)

1) 추징 가액의 산정기준시는 판결선고시이다.

【판례】 (대법원 1991.5.28. 선고 91도352 판결)
몰수의 취지가 범죄에 의한 이득의 박탈을 그 목적으로 하는 것이고 추징도 이러한 몰수의 취지를 관철하기 위한 것이라는 점을 고려하면 **몰수하기 불능한 때에 추징하여야 할 가액은** 범인이 그 물건을 보유하고 있다가 몰수의 선고를 받았더라면 잃었을 이득상당액을 의미한다고 보아야 할 것이므로 그 가액산정은 **재판선고시의 가격을 기준**으로 하여야 할 것이다.

2) 공동피고인에 대한 추징은 개별추징이 원칙이지만, 개별액을 알 수 없으면 평등분할액을 추징해야한다.

【판례】 (대법원 2007.11.30. 선고 2007도635 판결)
사행행위 등 규제 및 처벌특례법 제30조 제1항의 죄에 의하여 생긴 재산은 범죄수익은닉의 규제 및 처벌 등에 관한 법률에 의하여 추징의 대상이 되고, 위 추징은 부정한 이익을 박탈하여 이를 보유하지 못하게 함에 그 목적이 있는 것이므로 ,**수인이 공동으로 사행행위 영업을 하여**

이익을 얻은 경우에는 그 분배받은 금원, 즉 실질적으로 귀속된 이익금만을 개별적으로 몰수·추징하도록 하여야 하고, 그 분배받은 금원을 확정할 수 없을 때에는 이를 평등하게 분할한 금원을 몰수·추징하여야 한다.

【판례】(대법원 1998. 5. 21. 선고 95도2002 전원합의체 판결)
[다수의견] **외국환관리법상의 몰수와 추징은 일반 형사법의 경우와 달리 범죄사실에 대한 징벌적 제재의 성격을 띠고 있다**고 할 것이므로, 여러 사람이 공모하여 범칙행위를 한 경우 몰수대상인 외국환 등을 몰수할 수 없을 때에는 각 범칙자 전원에 대하여 그 취득한 외국환 등의 가액 전부의 추징을 명하여야 하고, 그 중 한 사람이 추징금 전액을 납부하였을 때에는 다른 사람은 추징의 집행을 면할 것이나, 그 일부라도 납부되지 아니하였을 때에는 그 범위 내에서 각 범칙자는 추징의 집행을 면할 수 없다.

3) 추징은 부가형이지만 징역형의 집행유예와 추징의 선고를 받은 사람에 대하여 징역형의 선고의 효력을 상실케 하는 동시에 복권하는 특별사면이 있은 경우 추징에 대하여도 형선고의 효력이 상실된다고 볼 수 없다.

【판례】(대법원 1996.5.14. 자 96모14 결정)
법 제48조, 제49조, 사면법 제5조 제1항 제2호, 제7조 등의 규정 내용 및 취지에 비추어 보면, 추징은 부가형이지만 징역형의 **집행유예와 추징의 선고를 받은 사람에 대하여 징역형의 선고의 효력을 상실케 하는 동시에 복권하는 특별사면이 있은 경우**에 추징에 대하여도 형선고의 효력이 상실된다고 볼 수는 없다.

4) 몰수나 추징이 공소사실과 관련이 있다고 하더라도 그 공소사실에 관하여 이미 공소시효가 완성되어 유죄의 선고를 할 수 없는 경우에는 몰수나 추징도 할 수 없다.

【판례】(대법원 1992.7.28. 선고 92도700 판결)
형법 제49조 단서는 행위자에게 유죄의 재판을 하지 아니할 때에도 몰수의 요건이 있는 때에는 몰수만을 선고할 수 있다고 규정하고 있으므로 몰수뿐만 아니라 몰수에 갈음하는 추징도 위 규정에 근거하여 선고할 수 있다고 할 것이나 우리 법제상 공소의 제기 없이 별도로 몰수나 추징만을 선고할 수 있는 제도가 마련되어 있지 아니하므로 위 규정에 근거하여 몰수나 추징을 선고하기 위하여서는 ①몰수나 추징의 요건이 공소가 제기된 공소사실과 관련되어 있어야 하고, ②**공소사실이 인정되지 않는 경우**에 이와 별개의 공소가 제기되지 아니한 범죄사실을 법원이 인정하여 그에 관하여 몰수나 추징을 선고하는 것은 불고불리의 원칙에 위반되어 불가능하며, ③몰수나 추징이 공소사실과 관련이 있다 하더라도 그 **공소사실에 관하여 이미 공소시효가 완성되어 유죄의 선고를 할 수 없는 경우**에는 몰수나 추징도 할 수 없다.

Ⅲ. 명예형 : 자격상실과 자격정지는 부수형이 아니라, 주형(主刑)이다.

1. 자격상실

사형, 무기징역, 무기금고의 판결을 받은 경우 (제43조)

2. 자격정지

1) 자격의 당연정지 (제43조2항)
제43조 제2항에 규정한 '다른 법률'의 예는 "공직선거법".
2) 선고에 의한 자격정지 (제44조)

제2절 양형 (형의 양정)

Ⅰ. 형의 가중·감경·감면

1. 형의 가중

(1) 상습범가중규정
1) 1/2가중 : 절도죄,상해죄,사기죄,공갈,아편,폭행,체포감금,협박
2) 별도법정형 : 도박죄,장물죄,강도죄,약취유인죄

2. 형의 감경·감면

(1) 형의 감경·감면사유 (법률상 감경·감면)
1) 필요적 감경 - ~~심신미약자~~, 농아자, 방조범(종범)
2) 필요적 감면 - 중지미수, 자수(내란, 외환, 외국에대한사전죄, 방화죄, 폭발물사용죄, 통화위조죄의 예비단계에서의 자수)
자백, 자수(위증죄, 허위감정·통역·번역죄, 무고죄)
외국에서 집행된 형의 산입 (제7조)
3) 임의적 감경 - 심신미약자, 미수범(장애), 작량감경, 인질해방감경
4) 임의적 감면 - 불능미수, 자수·자복, 과잉방위, 과잉피난, 과잉자구행위

제43조(형의 선고와 자격상실, 자격정지) ①사형, 무기징역 또는 무기금고의 판결을 받은 자는 다음에 기재한 자격을 상실한다.

1. 공무원이 되는 자격
2. 공법상의 선거권과 피선거권
3. 법률로 요건을 정한 공법상의 업무에 관한 자격
4. 법인의 이사, 감사 또는 지배인 기타 법인의 업무에 관한 검사역이나 재산관리인이 되는 자격
②유기징역 또는 유기금고의 판결을 받은 자는 그 형의 집행이 종료하거나 면제될 때까지 전항 제1호 내지 제3호에 기재된 자격이 정지된다. **다만, 다른 법률에 특별한 규정이 있는 경우에는 그 법률에 따른다.** <개정 2016. 1. 6.>
[2016. 1. 6. 법률 제13719호에 의하여 2014. 1. 28. 헌법재판소에서 위헌 및 헌법불합치 결정된 이 조 제2항을 개정함.]
ⓐ 1년 미만 징역 또는 금고 실형을 선고받은 사람
ⓑ 집행유예기간 중 있는 사람 은 공법상의 선거권을 인정함(공직선거법 제18조)

제44조(자격정지) ①전조에 기재한 자격의 전부 또는 일부에 대한 정지는 1년 이상 15년 이하로 한다.
②유기징역 또는 유기금고에 자격정지를 병과한 때에는 징역 또는 금고의 집행을 종료하거나 면제된 날로부터 정지기간을 기산한다.

2018.12.18. 시행 개정형법에서 심신미약자의 행위에 대하여, 필요적 감경에서 임의적 감경으로 변경됨.

2015년 형법제7조 헌법불합치결정으로, 2016년 제7조의 내용이 변경됨.

(2) 작량감경 (재판상의 감경)

Ⅱ. 형의 가감례

> **제56조(가중감경의 순서)** 형을 가중감경할 사유가 경합된 때에는 다음 순서에 의한다.
>
> 1. 각칙 본조에 의한 가중
> 2. 제34조제2항의 가중
> 3. 누범가중
> 4. 법률상감경
> 5. 경합범가중
> 6. 작량감경

형의 가중, 감경의 방법과 정도 및 순서에 관한 준칙

1. 순서

(1) **제54조(선택형과 작량감경)** 1개의 죄에 정한 형이 수종인 때에는 먼저 적용할 형을 정하고 그 형을 감경한다.

(2) 형을 가중, 감경할 사유가 경합된 때에는 제56조의 순서

2. 가중의 정도

(1) 제42조 (징역 또는 금고의 기간) 유기징역이나 유기금고를 가중하는 경우에는 50년(개정:25년x)까지로 한다.

(2) 가중의 경우는 장기만을 가중한다.

> **제55조(법률상의 감경)**
> ①법률상의 감경은 다음과 같다.
> 1. 사형을 감경할 때에는 무기 또는 20년 이상 50년 이하의 징역 또는 금고로 한다.
> 2. 무기징역 또는 무기금고를 감경할 때에는 10년 이상 50년 이하의 징역 또는 금고로 한다.
> 3. 유기징역 또는 유기금고를 감경할 때에는 그 형기의 2분의 1로 한다.
> 4. 자격상실을 감경할 때에는 7년 이상의 자격정지로 한다.
> 5. 자격정지를 감경할 때에는 그 형기의 2분의 1로 한다.
> 6. 벌금을 감경할 때에는 그 다액의 2분의 1로 한다.
> 7. 구류를 감경할 때에는 그 장기의 2분의 1로 한다.
> 8. 과료를 감경할 때에는 그 다액의 2분의 1로 한다.
>
> ②법률상 감경할 사유가 수개있는 때에는 거듭 감경할 수 있다.

3. 감경의 정도

(1) 제55조1항

(2) 제55조2항

Ⅲ. 양형

1. 양형의 조건

(1) 양형판단 자료

범인의 연령, 성행, 지능과 환경, 피해자에 대한 관계, 범행의 동기, 수단과 결과 그리고 범행 후의 정황 **[*]** 전과, 종교, 성별 - x

Ⅳ. 판결의 공시

제58조(판결의 공시)

① 피해자의 이익을 위하여 필요하다고 인정할 때에는 피해자의 청구가 있는 경우에 한하여 피고인의 부담으로 판결공시의 취지를 선고할 수 있다.

② 피고사건에 대하여 무죄의 판결을 선고하는 경우에는 무죄판결공시의 취지를 선고하여야 한다. 다만, 무죄판결을 받은 피고인이 무죄판결공시 취지의 선고에 동의하지 아니하거나 피고인의 동의를 받을 수 없는 경우에는 그러하지 아니하다. <개정 2014. 12. 30.>

③ 피고사건에 대하여 면소의 판결을 선고하는 경우에는 면소판결공시의 취지를 선고할 수 있다. <신설 2014. 12. 30.>

제3절 누 범

Ⅰ. 의의

금고 이상의 형을 받아 그 집행을 종료하거나 면제를 받은 후 3년 이내에 금고이상에 해당하는 범죄를 범한 것

Ⅱ. 누범 가중의 요건

1. 금고이상 형의 선고

(1) **선고형**을 의미하며 원칙적으로 유기징역과 유기금고
(2) 형의 선고는 유효하여야

1) **일반사면**에 의하여 형의 선고의 효력이 상실된 때 - 누범 (X)

【판례】 일반사면과 누범 (대법원 1965.11.30. 선고 65도910 판결)
일반사면에 의하여 형의 선고의 효력이 상실된 때**에는** 그 범죄는 누범의 전과가 될 수 없다.

【비교판례】 특별사면과 누범 (대법원 1986.11.11. 선고 86도2004 판결)
형의 선고를 받은 자가 특별사면을 받아 형의 집행을 면제받고 또 후에 복권이 되었다 하더라도 형의 선고의 효력이 상실되는 것은 아니므로 **실형을 선고받아 복역타가 특별사면으로 출소한 후 3년 이내에 다시 범죄를 저지른 자**에 대한 누범가중은 정당하다.

2) **집행유예**의 선고를 받은 자가 유예기간 경과 - 누범 (X)

【판례】 (대법원 2010.9.9. 선고 2010도8021 판결)
집행유예의 효과에 관한 형법 제65조에서 '형의 선고가 효력을 잃는다'는 의미는 구 형의 실효 등에 관한 법률에 의한 형의 실효와 같이 형의 선고에 의한 법적 효과가 장래에 향하여 소멸한다는 취지이다. 따라서 위 규정에 따라 형의 선고가 효력을 잃는 경우에 그 **전과**는 구 특정범죄 가중처벌 등에 관한 법률 제5조의4 제5항에서 정한 '징역형을 받은 경우'로 볼 수 없다.

누범 관련 문제

1. 누범은 상습범과 어떻게 다른가
2. 상습범가중과 누범가중이 2중으로 적용되는가
3. 누범은 이전 범행을 이유로 가중처벌하는 것이어서 일사부재리원칙에 어긋나는 것은 아닌가
4. 누범은 전과가 있다는 이유로 사회적 신분에 의하여 차별대우하여 형을 가중하는 것은 아닌가
5. 누범가중을 책임주의와 조화롭게 하기 위해서는 누범의 형식적 요건에 따라 형을 가중하기 보다는 재범에 의하여 비난을 가중할 수 있는 경우에 가중할 수 있도록 실질적 요건을 설정할 필요도 있다는 의견이 있다.

2. 형의 집행종료 또는 면제

(1) 형의 집행을 종료 - 형기의 만료
(2) 형의 집행을 면제 - 형의 시효완성(제77조),
특별사면에 의하여 형의 집행이 면제(사면법 제5조),
외국에서 집행된 형의 산입(제7조)

3. 금고 이상에 해당하는 죄 - 後犯에 관한 요건

누범으로서 판결의 대상이 되는 범죄는 **금고 이상의 형에 해당하는 죄-선고형** 기준

[*] 법정형 중 벌금형을 선택한 경우에도 누범가중을 하여야 한다(X)

【판례】(대법원 1982.9.14. 선고 82도1702 판결)
형법 제35조 제1항에 규정된 "금고 이상에 해당하는 죄" 라 함은 유기금고형이나 유기징역형으로 처단할 경우에 해당하는 죄를 의미하는 것으로서 법정형 중 벌금형을 선택한 경우에는 누범가중을 할 수 없다.

4. 형의 집행종료 또는 면제 후 3년 이내에 범한 죄

(1) 형의 집행종료 또는 면제 후 3년 이내에 범한 죄

【판례】집행유예 기간 중 재범의 경우 : 누범가중 (X)
(대법원 1983.8.23. 선고 83도1600 판결)
금고이상의 형을 받고 그 형의 집행유예기간 중에 금고 이상에 해당하는 죄를 범하였다 하더라도 이는 누범가중의 요건을 충족시킨 것이라 할 수 없다.

【판례】가석방 기간 중 재범의 경우 : 누범가중 (X)
(대법원 1976.9.14. 선고 76도2071 판결)
잔형기간경과전인 가석방기간중에 본건 범행을 저질렀다면 이를 형법 35조에서 말하는 형집행종료후에 죄를 범한 경우에 해당한다고 볼 수 없으므로 여기에 누범가중을 할 수 없는 이치라 할 것이다.

(2) **형의 집행종료 또는 면제 후 3년 이내에 범한 죄 = "실행의 착수"**시를 기준으로 한다.

【판례】 후범을 범한 시기가 3년 이내인가의 판단기준 (대법원 2006.4.7. 선고 2005도9858 전원합의체 판결)
형법 제35조 소정의 누범이 되려면 금고 이상의 형을 받아 그 집행을 종료하거나 면제를 받은 후 3년 내에 다시 금고 이상에 해당하는 죄를 범하여야 하는바, 이 경우 다시 **금고 이상에 해당하는 죄를 범하였는지 여부는 그 범죄의 실행행위를 하였는지 여부를 기준으로 결정하여야 하므로** 3년의 기간 내에 실행의 착수가 있으면 족하고, 그 기간 내에 기수에까지 이르러야 되는 것은 아니다.

Ⅲ. 누범의 효과

1. 그 죄에 정한 형의 **장기의 2배**까지 가중

2. 단기까지 가중 - (X)

3. 누범에 대하여 법률상 또는 재판상 감경할 수 있다.

4. **판결 선고 후의 누범발각** - 그 선고한 형을 통산하여 다시 형을 정할 수 있다. (제36조).
   - 이에 대해 일사부재리의 원칙에 반하지 않는다는 견해
   - 일사부재리의 원칙에 반하여 이 규정이 폐지되어야 한다는 견해

제36조
(판결선고후의 누범발각)
판결선고후 누범인 것이 발각된 때에는 그 선고한 형을 통산하여 다시 형을 정할 수 있다. 단, 선고한 형의 집행을 종료하거나 그 집행이 면제된 후에는 예외로 한다.

제4절 선고유예

Ⅰ. 의의

Ⅱ. 요건

1. 1년 이하의 징역이나 금고, 자격정지 또는 벌금의 형을 선고할 경우

【판례】 (대법원 1993.6.22. 선고 93오1 판결)

형법 제59조 제1항은 1년 이하의 징역이나 금고, 자격정지 또는 벌금의 형을 선고할 경우 같은 법 제51조의 사항을 참작하여 개전의 정상이 현저한 때에는 선고를 유예할 수 있다고 규정하고 있어 형의 선고를 유예할 수 있는 경우는 선고할 형이 1년 이하의 징역이나 금고, 자격정지 또는 벌금의 형인 경우에 한하고 **구류형에 대하여는 선고를 유예할 수 없다.**

2. 개전의 정상이 현저할 것

【판례】 (대법원 2003.2.20. 선고 2001도6138 전원합의체 판결)

선고유예의 요건 중 '개전의 정상이 현저한 때'라고 함은, 반성의 정도를 포함하여 널리 형법 제51조가 규정하는 양형의 조건을 종합적으로 참작하여 볼 때 형을 선고하지 않더라도 피고인이 다시 범행을 저지르지 않으리라는 사정이 현저하게 기대되는 경우를 가리킨다고 해석할 것이고, 이와 달리 여기서의 '개전의 정상이 현저한 때'가 반드시 피고인이 죄를 깊이 뉘우치는 경우만을 뜻하는 것으로 제한하여 해석하거나, 피고인이 범죄사실을 자백하지 않고 부인할 경우에는 언제나 선고유예를 할 수 없다고 해석할 것은 아니다.

3. 자격정지 이상의 형을 받은 전과가 없을 것

【판례】 집행유예 선고받은 자 (대법원 2003.12.26. 선고 2003도3768 판결)

형법 제59조 제1항 단행에서 정한 "자격정지 이상의 형을 받은 전과"라 함은 자격정지 이상의 형을 선고받은 범죄경력 자체를 의미하는 것이고, 그 형의 효력이 상실된 여부는 묻지 않는 것으로 해석함이 상당하다고 할 것이고, 따라서 **형의 집행유예를 선고받은 자는 형법 제65조에 의하여 그 선고가 실효 또는 취소됨이 없이 정해진 유예기간을 무사히 경과하여 형의 선고가 효력을 잃게 되었다고 하더라도 형의 선고의 법률적 효과가 없어진다는 것일 뿐, 형의 선고가 있었다는 기왕의 사실 자체까지 없어지는 것은 아니므로,** 형법 제59조 제1항 단행에서 정한 선고유예 결격사유인 "자격정지 이상의 형을 받은 전과가 있는 자"에 해당한다고 보아야 한다.

【판례】(대법원 2010.7.8. 선고 2010도931 판결)

형법 제39조 제1항에 의하여 형법 제37조 후단 경합범 중 판결을 받지 아니한 죄에 대하여 형을 선고하는 경우에 있어서 **형법 제37조 후단에 규정된 금고 이상의 형에 처한 판결이 확정된 죄의 형도** 형법 제59조 제1항 단서에서 정한 '자격정지 이상의 형을 받은 전과'에 포함된다고 봄이 상당하다.

Ⅲ. 효과

1. 선고유예판결은 유죄판결에 해당한다.
2. 형의 선고유예를 받을 날로부터 2년을 경과한 때에는 면소된 것으로 간주한다. (제60조)
3. 보호관찰 명할 수 있다. 보호관찰의 기간은 1년

보호관찰 등에 관한 법률

Ⅳ. 실효 (선고유예에서는 취소제도가 없다)

1. 형의 선고유예를 선고받은 자가 유예기간 중 자격정지이상의 형에 처한 판결이 확정 (필요적)
2. 자격정지 이상의 형에 처한 전과가 발견된 때 (필요적)
3. 보호관찰을 명한 선고유예를 받은 자가 보호관찰의 기간 중에 준수사항을 위반하고 그 정도가 무거운 때 (임의적)

제5절 집행유예

Ⅰ. 의의와 요건

1. 법원은 다음의 요건이 구비되면 1년 이상 5년 이하의 기간 형의 집행을 유예할 수 있다. (제62조1항)

(1) 3년 이하의 징역 또는 금고의 형을 선고할 경우
(2) 정상에 참작할 만한 사유
(3) 금고이상의 형 선고판결 확정시로부터 그 형의 집행종료 또는 면제 후 3년의 기간 내에 범한 죄가 아닐 것 (2005년 개정) - 집행유예판결을 받고 유예기간 중에 있는 자라도 집행유예판결 이전에 범한 죄에 대하여는 집행유예를 할 수 있게 됨

Ⅱ. 효과 · 보호관찰명령 · 실효 · 취소

1. 효과

(1) **제65조(집행유예의 효과)** 집행유예의 선고를 받은 후 그 선고의 실효 또는 취소됨이 없이 유예기간을 경과한 때에는 형의 선고는 효력을 잃는다.
(2) 형의 선고에 의해 이미 발생한 법률 효과에는 영향을 미치지 않는다.

2. 보호관찰명령

(1) 제62조의 2 제1항, 2항
보호관찰기간은 집행을 유예한 기간으로 한다. 다만, 법원은 유예기간의 범위 내에서 보호관찰기간을 정할 수 있다.

【판례】(대법원 2011.2.24. 선고 2010오1 판결)
특정 범죄자에 대한 위치추적 전자장치 부착 등에 관한 법률 제28조 제1항에서 "법원은 특정범죄를 범한 자에 대하여 **형의 집행을 유예하면서 보호관찰을 받을 것을 명할 때**에는 보호관찰기간의 범위 내에서 기간을 정하여 준수사항의 이행 여부 확인 등을 위하여 **전자장치를 부착할 것을 명할 수 있다."고 규정**하고, 같은 법 제9조 제4항 제4호에서 "법원은 특정범죄사건에 대하여 **선고유예 또는 집행유예를 선고하는 때**(제28조

제1항에 따라 전자장치 부착을 명하는 때를 제외한다)**에는 판결로 부착명령 청구를 기각하여야 한다."고 규정**하고 있으며, 같은 법 제12조 제1항에서 "부착명령은 검사의 지휘를 받아 보호관찰관이 집행한다."고 규정하고 있으므로, 법원은 특정범죄를 범한 자에 대하여 형의 집행을 유예하면서 보호관찰을 받을 것을 명하는 때에만 위치추적 전자장치 부착을 명할 수 있다.

【판례】 (대법원 1998. 4. 24. 선고 98도98 판결)
형법 제62조의2 제1항은 "형의 집행을 유예하는 경우에는 보호관찰을 받을 것을 명하거나 사회봉사 또는 수강을 명할 수 있다."고 규정하고 있는바, 그 문리에 따르면, **보호관찰과 사회봉사는 각각 독립하여 명할 수 있다는 것이지, 반드시 그 양자를 동시에 명할 수 없다는 취지로 해석되지는 아니할 뿐더러**, 소년법 제32조 제3항, 성폭력범죄의처벌및피해자보호등에관한법률 제16조 제2항, 가정폭력범죄의처벌등에관한특례법 제40조 제1항 등에는 보호관찰과 사회봉사를 동시에 명할 수 있다고 명시적으로 규정하고 있는바, 일반 형법에 의하여 보호관찰과 사회봉사를 명하는 경우와 비교하여 특별히 달리 취급할 만한 이유가 없으며, 제도의 취지에 비추어 보더라도, 범죄자에 대한 사회복귀를 촉진하고 효율적인 범죄예방을 위하여 양자를 병과할 필요성이 있는 점 등을 종합하여 볼 때, **형법 제62조에 의하여 집행유예를 선고할 경우에는 같은 법 제62조의2 제1항에 규정된 보호관찰과 사회봉사 또는 수강을 동시에 명할 수 있다**고 해석함이 상당하다.

3. 실효

(1) **제63조(집행유예의 실효)** 집행유예의 선고를 받은 자가 유예기간 중 고의로 범한 죄로 금고이상의 실형을 선고 받아 그 판결이 확정된 때에는 집행유예의 선고는 효력을 잃는다.

(2) 유예기간 중 **고의범**으로 **실형**이 선고

= 집행유예 판결 이전의 범죄, 과실범, 집행유예나 선고유예의 형을 선고받는 경우는 실효되지 않는다.

4. 취소

(1) **제64조1항(집행유예의 취소)** 집행유예의 선고를 받은 후 제62조 단행의 사유가 발각된 때에는 집행유예의 선고를 취소한다.

【판례】 (대법원 2001.6.27. 자 2001모135 결정)

형법 제64조 제1항에 의하면 집행유예의 선고를 받은 후 형법 제62조 단행의 사유가 발각된 때에는 집행유예의 선고를 취소한다고 규정되어 있는바, 여기에서 **집행유예를 선고받은 후 형법 제62조 단행의 사유 즉 금고 이상의 형의 선고를 받아 집행을 종료한 후 또는 집행이 면제된 후로부터 5년을 경과하지 아니한 자인 것이 발각된 때라 함은** 집행유예 선고의 **판결이 확정된 후**에 비로소 위와 같은 사유가 발각된 경우를 말하고 그 **판결확정 전**에 결격사유가 발각된 경우에는 이를 취소할 수 없으며, 이때 판결확정 전에 발각되었다고 함은 검사가 명확하게 그 결격사유를 **안 경우**만을 말하는 것이 아니라 당연히 그 결격사유를 알 수 있는 객관적 상황이 존재함에도 **부주의로 알지 못한 경우**도 포함된다.

【판례】 (대법원 1999.1.12. 자 98모151 결정)

집행유예의 선고를 받은 후 그 선고의 실효 또는 취소됨이 없이 유예기간을 경과한 때에는 형법 제65조가 정하는 바에 따라 형의 선고는 효력을 잃는 것이고, 그와 같이 **유예기간이 경과함으로써 형의 선고가 효력을 잃은 후에는** 형법 제62조 단행의 사유가 발각되었다고 하더라도 그와 같은 이유로 집행유예를 취소할 수 없고 그대로 유예기간경과의 효과가 발생한다.

(2) **제64조2항(집행유예의 취소)** 제62조의 2의 규정에 의하여 보호관찰이나 사회봉사 또는 수강을 명한 집행유예를 받은 자가 준수사항이나 명령을 위반하고 그 정도가 무거운 때에는 집행유예의 선고를 취소할 수 있다.

【판례】 (대법원 2010.5.27. 자 2010모446 결정)

이미 수차례 음주 및 무면허운전으로 처벌받은 전력이 있는 피고인이 같은 범행으로 집행유예 선고와 함께 보호관찰 등을 명받았음에도 보호관찰관의 지도·감독에 불응하여 집행유예취소 청구가 되어 유치되기까지 하였음에도, 위 집행유예취소 청구가 기각된 후에 종전과 같이 보호관찰관의 지도·감독에 불응하며 동종의 무면허운전을 한 사안에서, 보호관찰 대상자로서의 준수사항을 심각하게 위반하였다고 할 것임에도, 피고인에 대한 집행유예취소 청구를 기각한 원심결정에 법리오해 및 심리미진의 위법이 있다고 한 사례.

제6절 가석방

Ⅰ. 요건

1. 제72조, 행형법 제52조

징역 또는 금고의 집행 중에 있는 자가 무기에 있어서는 20년, 유기에 있어서는 형기의 1/3을 경과한 후일 것

Ⅱ. 가석방의 기간과 보호관찰

1. 73조의 2 제1항, 2항, 단서

Ⅲ. 효과

제76조1항(가석방의 효과) 가석방의 처분을 받은 후 그 처분이 실효 또는 취소되지 아니하고 가석방기간을 경과한 때에는 형의 집행을 종료한 것으로 본다.

보호관찰 등에 관한 법률 제3조(대상자) ① 보호관찰을 받을 사람(이하 "보호관찰 대상자"라 한다)은 다음 각 호와 같다.
1. 「형법」 제59조의2에 따라 보호관찰을 조건으로 형의 선고유예를 받은 사람
2. 「형법」 제62조의2에 따라 보호관찰을 조건으로 형의 집행유예를 선고받은 사람
3. 「형법」 제73조의2 또는 이 법 제25조에 따라 보호관찰을 조건으로 가석방되거나 임시퇴원된 사람
4. 「소년법」 제32조제1항제4호 및 제5호의 보호처분을 받은 사람
5. 다른 법률에서 이 법에 따른 보호관찰을 받도록 규정된 사람

제7절 형의 시효 · 소멸

Ⅰ. 형의 시효

제77조(시효의 효과) 형의 선고를 받은 자는 시효의 완성으로 인하여 그 집행이 면제된다.

제78조(시효의 기간) 시효는 형을 선고하는 재판이 확정된 후 그 집행을 받음이 없이 다음의 기간을 경과함으로 인하여 완성된다.
<개정 2017. 12. 12.>

1. 사형은 30년
2. 무기의 징역 또는 금고는 20년
3. 10년 이상의 징역 또는 금고는 15년
4. 3년 이상의 징역이나 금고 또는 10년 이상의 자격정지는 10년
5. 3년 미만의 징역이나 금고 또는 5년 이상의 자격정지는 7년
6. 5년 미만의 자격정지, 벌금, 몰수 또는 추징은 5년
7. 구류 또는 과료는 1년

Ⅱ. 형의 소멸 (제81조)

징역 또는 금고의 집행을 종료하거나 집행이 면제된 자가 피해자의 손해를 보상하고 자격정지 이상의 형을 받음이 없이 7년을 경과한 때에는 본인 또는 검사의 신청에 의하여 그 재판의 실효를 선고할 수 있다.

형법총론

1판 1쇄 인쇄 2020년 8월 24일
1판 1쇄 발행 2020년 8월 25일

저 자 이동기
펴낸이 임홍재
펴낸곳 국민대학교 출판부
등 록 1975년 6월 17일 제6-33호
주 소 서울시 성북구 정릉로 77
전 화 02-910-4242
인 쇄 동방인쇄공사

ISBN 978-89-7812-469-0 93360
가 격 18,000원

※ 잘못된 책은 바꿔드립니다.

이 도서의 국립중앙도서관 출판예정도서목록(CIP)은 서지정보유통지원시스템 홈페이지(http://seoji.nl.go.kr)와 국가자료종합목록 구축시스템(http://kolis-net.nl.go.kr)에서 이용하실 수 있습니다. (CIP제어번호 : CIP2020034566)